全集

伝え継ぐ　日本の家庭料理

野菜のおかず　春から夏

（一社）日本調理科学会　企画・編集

はじめに

日本は四方を海に囲まれ、南北に長く、気候風土が地域によって大きく異なります。このため各地でとれる食材が異なり、その土地の歴史や生活の習慣などともかかわりあって、地域独特の食文化が形成されています。地域の味は、親から子、人から人へと伝えられていくものですが、食の外部化が進んだ現在ではその伝承が難しくなっています。このシリーズは、日本人の食生活がその地域ごとにはっきりした特色があったとされる、およそ昭和35年から45年までの間に各地域に定着していた家庭料理を、日本全国での聞き書き調査により掘り起こして紹介しています。

本書では、春から夏にかけて旬を迎える野菜や山菜を使ったおかずを集めました。

秋田では、残雪をかきわけて早春を告げるふきのとうを味噌と混ぜます。高知では磯の小石の間からギザギザとした葉をのぞかせる浜あざみを揚げます。他にもくさぎ、うこぎ、つわぶきなど、ほろ苦さとシャキシャキとした食感に春を感じます。たけのこもいろいろな種類が各地で食べられてきました。たくさんとれる山菜やたけのこを煮たり干したり塩漬けにしたりと、春は保存食づくりに大忙しの時期でもあります。

夏になると、なすやきゅうり、冬瓜、へちまやにがうりといった野菜が次々にとれます。山形の「だし」、長野の「やたら」のように生の野菜を刻むだけでさっぱりと食べる料理と、煮たり炒めたりしてかさを減らし、たっぷりと食べる料理が登場します。ずいきはシャキシャキとした歯ごたえと酢の味つけが涼やかです。酢味噌の「ぬた」や甘酢、辛子酢味噌、山椒やみょうがやしそなどを使ったさわやかな味つけの料理が各地で伝わってきました。

聞き書き調査は日本調理科学会の会員が47都道府県の各地域で行ない、地元の方々にご協力いただきながら、できるだけ家庭でつくりやすいレシピとしました。実際につくってみることで、読者の皆さん自身の味になり、そこで新たな工夫や思い出が生まれれば幸いです。

２０２１年２月

一般社団法人 日本調理科学会 創立50周年記念出版委員会

目次

イラスト／武藤良子（目次、p120, 122）

凡 例

◎「著作委員」と「協力」について

「著作委員」はそのレシピの執筆者で、日本調理科学会に所属する研究者です。「協力」は著作委員がお話を聞いたり調理に協力いただいたりした方（代表の場合を含む）です。

◎ エピソードの時代設定について

とくに時代を明示せず「かつては」「昔は」などと表現している内容は、おもに昭和35〜45年頃の暮らしを聞き書きしながらまとめたものです。

◎ レシピの編集方針について

各レシピは、現地でつくられてきた形を尊重して作成していますが、分量や調理法はできるだけ現代の家庭でつくりやすいものとし、味つけの濃さも現代から将来へ伝えたいものに調整していることがあります。

◎ 材料の分量について

・1カップは200mℓ、大さじ1は15mℓ、小さじ1は5mℓ。1合は180mℓ、1升は1800mℓ。

・塩は精製塩の使用を想定しての分量です。並塩・天然塩を使う場合は小さじ1=5g、大さじ1=15gなので、加減してください。

・塩「少々」は親指と人さし指でつまんだ量（小さじ1/8・約0.5g）、「ひとつまみ」は親指と人さし指、中指でつまんだ量（小さじ1/5〜1/4・約1g）が目安です。

◎ 材料について

・油は、とくにことわりがなければ、菜種油、米油、サラダ油などの植物油です。

・濃口醤油は「醤油」、うす口醤油は「うす口醤油」と表記します。ただし、本書のレシピで使っているものには各地域で販売されている醤油もあり、原材料や味の違いがあります。

・「砂糖」はとくにことわりがなければ上白糖です。

・「豆腐」は木綿豆腐です。

・味噌は、とくにことわりがなければ米麹を使った米味噌です。それぞれの地域で販売されている味噌を使っています。

・単に「だし汁」とある場合は、だしの素材は好みのものでよいです。

◎うま味と旨みの表記について

本書では、5つの基本味のひとつ*である「うま味（Umami）」と、おいしさを表現する「旨み（deliciousness）：うまい味」を区別して表記しています。

*あとの4つは甘味、酸味、塩味、苦味。

◎一般的なだしのとり方

〈かつおだし〉沸騰した湯にかつお節（できあがりの1%重量）を入れたら火を止める。かつお節が沈んだらこす。沸騰させ続けると、渋みや苦味が出て、香りも飛ぶ。

〈昆布だし〉水に昆布（できあがりの2%重量）を30分ほどつけてから火にかける。沸騰直前に昆布をとり出す。沸騰させると、臭みやえぐみ、粘りが出る。

〈煮干しだし〉水に煮干し（できあがりの2%重量）を5分以上つけてから火にかける。沸騰したらアクを除き、2〜3分煮出してからこす。煮干しの頭、ワタをとり除くと雑味がないだしになる。

計量カップ・スプーンの調味料の重量 (g)

	小さじ1（5mℓ）	大さじ1（15mℓ）	1カップ（200mℓ）
塩（精製塩）	6	18	240
砂糖（上白糖）	3	9	130
酢・酒	5	15	200
醤油・味噌	6	18	230
油	4	12	180

たけのこ・ふき

春から初夏にかけて次々と出てくるたけのこは、掘りたてのゆでたてが最高の贅沢。食べきれない分は塩漬けなどにし、成長しすぎたたけのこも穂先を干して一年中楽しみました。早春を告げるふきのとうや、その後の楽しみのふきやつわぶきの料理も紹介します。

〈青森県〉

根曲がり竹の炒め煮

5月下旬、岩木山の雪が消え、ウツギの花が咲き始める頃になると、津軽の人たちは山へ根曲がり竹をとりに行きます。根曲がり竹は孟宗竹《もうそうちく》と比べて細く、アクが少なくやわらかいのが特徴で、青森ではたけのこというと根曲がり竹を指します。たくさんとれた根曲がり竹は家族総出で皮をむいてから、加工場でビン詰にしてもらって保存し、一年中さまざまな料理に使います。なかでも豚肉や糸こんにゃくと一緒に甘辛く味つけた炒め煮はなじみ深いおかずです。食べるとこりこりとした根曲がり竹と糸こんにゃく、にんじん、それぞれ違う食感が楽しめます。生の根曲がり竹でつくると新鮮な香りとほんのりとしたえぐみがなんともおいしく、春ならではの味わいです。

青森県には岩木山や八甲田山をはじめとして各地に山があり、根曲がり竹やみずやふき、わらびなどの山菜が豊富にとれます。冬の間は雪におおわれ野菜が不足するため、春に保存しておいた山菜が重宝しました。

協力＝工藤テツコ、工藤良子
著作委員＝安田智子

＜材料＞ 10人分

根曲がり竹…600g（正味300g）
豚バラ肉…300g
糸こんにゃく…200g
にんじん…50g
油…小さじ1
醤油…大さじ3
酒…大さじ2
みりん…大さじ2
水…1と1/4カップ

＜つくり方＞

1 根曲がり竹は皮をむいて、かたい節を切り除き、斜め切りにする。豚肉は3cm長さに、糸こんにゃくは5cm長さに切る。にんじんは3cm長さのせん切りにする。
2 鍋に油を入れて熱したところに豚肉を入れ、色が変わるまで炒め、根曲がり竹、にんじん、糸こんにゃくを加えて炒める。
3 材料に油がまわったら、水とみりんを加えて根曲がり竹がやわらかくなるまで煮る。
4 やわらかくなったら醤油と酒を加えて煮つける。

根曲がり竹の水煮。青森県では、収穫した根曲がり竹を皮をむいてから近所の加工場へ持って行くと、缶詰やビン詰にしてもらえる。ふきなども同様に、すぐに食べない山菜は缶詰かビン詰にして保存している

撮影／五十嵐公

〈秋田県〉

山菜のかやき

県内でも山に囲まれた鹿角《かづの》市は山菜の宝庫として知られています。根曲がり竹、わらび、みず、しどけ、あいこなど、種類も豊富です。家族が朝早くとりに行ったり、親戚や近所からもらったりするのが普通で、昔は山菜は買うものではありませんでした。春から初夏が旬ですが、塩漬けやビン詰、缶詰などにして保存し、一年中食べています。

鹿角市でたけのこといえば、太いたけのこ（孟宗竹）ではなく細い根曲がり竹です。自生するクマザサの若芽で、芽の出始めの頃、雪の重みで根元が曲がっているものが多いことからこう呼ばれるようになったそうです。孟宗竹よりもやわらかく甘味があり、とりたては香りもよいので生で食べられるほど。焼きたけのこ、煮つけ、味噌汁、天ぷらなど、バリエーションも豊富です。いろいろな具を入れた鍋料理、汁ものを秋田では「かやき」といい、季節を問わず、豚肉や馬肉、糸こんにゃくなどと煮て、日常食としています。

協力＝浅石シガ
著作委員＝髙山裕子

撮影／高木あつ子

＜材料＞ 4人分

わらび（アク抜き）…120g
根曲がり竹（皮をむいてゆでた）…160g
豚バラ肉…100g
にんじん…20g
長ねぎ…1/4本
糸こんにゃく…1/2個
豆腐…40g
秋田味噌（赤色辛味噌）…大さじ4
水…5カップ
昆布…10g

＜つくり方＞

1 根曲がり竹は根元近くを1cmほど切り落とす。先の方は切らずに長いまま使う。
2 わらびは4cmほどの長さに切る。
3 にんじんはいちょう切り、長ねぎは斜め切り、糸こんにゃくは下ゆでして食べやすい長さ、豚肉は食べやすい大きさに、豆腐は大きめに切る。
4 鍋に水と昆布を入れて火にかける。根曲がり竹、にんじん、糸こんにゃくを入れ、沸騰したら豚肉を入れてアクをすくう。
5 にんじんがやわらかくなったら、わらび、豆腐を加え、最後にねぎを入れ、味噌で調味する。

根曲がり竹の下処理

＜つくり方＞

1 根曲がり竹の皮をむく(写真①〜③)。キッチンバサミ(またはナイフ)で斜めに切り込みを入れるとむきやすい。先は細いので折らないように気をつける。

2 熱湯でゆでる。根元の「節」の部分はかたいのでとり除く。

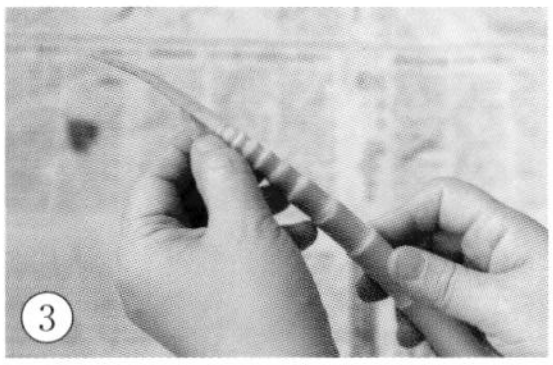

わらびの塩漬け

＜つくり方＞

1 わらびを水で洗う。根元のかたい部分を切り落とす。わらびがそのまま並べられるくらいの容器に塩を入れ、わらびを敷きつめてわらびが見えなくなるくらい塩をふりかける(写真①)。塩はわらびと同重量程度。表面にラップをかぶせて重しをする。

2 翌日になると水があがっているので水を捨て、重しをとり除く。水があがっていたら、ときどき捨て、1週間したら、水を全部捨てる。再度、塩をたっぷりかけて表面をおおい、蓋をして冷暗所で保存する。1年以上もつ。

【塩抜きの方法】

1 塩漬けしたわらびは水で洗って塩を落とし、鍋に入れる。たっぷりの水を入れて火にかける。沸騰してきたら火を止めて冷ます。水を捨てて、新たにたっぷりの水に入れ替える。

2 水を何度か替えて、塩けがなくなるまで繰り返す。

◎塩と一緒にアクも抜ける。やわらかくなり過ぎないよう、ゆで過ぎに注意する。

わらびのアク抜き

＜材料＞

わらび*…500g
水…1ℓ（わらびの約2倍）
重曹…小さじ1
*穂先は手でもんで落としておく。

＜つくり方＞

1 わらびを水で洗う。わらびの根元のかたい部分を切り、切り口に重曹をつける(写真①)。

2 大鍋に水を入れて沸騰させる。

3 火を止めて、わらびを入れる(写真②)。重曹が残っていたら一緒に入れる。

4 鍋に蓋をしてそのまま一晩(半日)おく(写真③)。

5 鍋からとり出して、流水で洗う。

6 再びかぶるくらいのたっぷりの水を入れてつける。数回、水をとり替える。

7 保存する場合は、ビニールひもや輪ゴムで100gぐらいずつ束ねて水に浸したまま冷蔵庫に入れる。毎日、水をとり替える。5日は保存できる。

◎わらびはかたさが重要。重曹が多かったり、ゆで過ぎたりするとやわらかくなり過ぎるので注意。鍋に入れず、わらびに熱湯をかけてもよい。

わらびのおひたしのつくり方

鍋にだし汁1カップと醤油、みりん各大さじ2を入れて沸騰させてから冷ます。アク抜きしたわらび100gを浸す。盛りつけてかつお節をかける。

〈福島県〉

へそ大根の煮物

　春先にとれる食材や、冬の間につくった「へそ大根」、乾物のにしんなどの具材をたっぷり使った料理で、県北部では普段の食事や端午の節句のごちそうに出されます。ここでよく利用される淡竹《はちく》は、やわらかい食感で、春の煮物に欠かせません。へそ大根は輪切りの大根をゆでてから真ん中にワラひもや細い竹の棒を通して干した凍み大根で、空いた穴が「へそ」のように見えることからこう呼ばれています。冬場の昼夜の寒暖差によって凍って溶けてを繰り返すことで水分が抜け、大根の本来の味が凝縮されたスポンジ状の繊維にはにしんのコクとさまざまな具材の味がしみこんで、一層おいしい煮物となります。

　子どもが初節句や七五三を迎える年は、大勢の親戚が集まり、この煮物と、もち米を笹の葉で包んでゆでたちまきを一緒に食べました。ふきと長いもは、邪気を払い英気を養うものとして欠かせず、ちまきの三角形は心臓を表しているともいわれ、男児の成長への願いが込められていました。

協力＝石井友子、石村由美子
著作委員＝阿部優子、會田久仁子

＜材料＞ 5人分

へそ大根…50g
ふき…150g
たけのこ（淡竹など）*…約400g
身欠きニシン（ソフトタイプ）…3本
にんじん…1本
油揚げ…小4枚（約60g）
長芋…1本（約600g）
ささぎ（ささげ）…60g
へそ大根の戻し汁…2と1/2カップ
醤油…1/2カップ
砂糖…大さじ2
塩…小さじ1

*とれたての淡竹はアクが少ないので、皮をむいて沸騰した湯でゆでる。太い部分に竹串が通る程度にゆでたら冷めるまでそのままおき、水洗いして使う。太い淡竹や収穫後時間がたった淡竹、孟宗竹の場合は、沸騰した湯にぬかや米のとぎ汁を入れてゆで、アク抜きする。

＜つくり方＞

1 へそ大根は水に一晩つけて十分やわらかくなるまで戻し、煮こむ前に軽く水けをしぼる。
2 ふきはそのまま塩（分量外）で板ずりしてからさっとゆで、冷水にとる。皮をむき、3〜4cmの長さに切りそろえる。
3 たけのこは水洗いして食べやすい大きさに切る。
4 身欠きニシンは、カマのかたい部分をとり除き、軽く湯通しして1本を2〜3等分に切る。
5 にんじんは、皮をむいて食べやすい大きさに切る。
6 油揚げは油抜きして三角に切る。
7 長芋は皮をむいて、厚さ2cm程度の輪切りにする。太い部分は半月形にして食べやすい大きさにそろえる。
8 ささぎは筋をとり除き、塩を加えた湯でさっとゆでて3〜4cmの長さに切りそろえる。
9 長芋とささぎ以外の材料を鍋に入れ、たけのこやにんじんがやわらかくなるまで弱火で煮る（写真①）。
10 長芋を加えて、煮汁がほとんどなくなるまで弱火でじっくり煮る。
11 器に盛り、ささぎを添える。

県北でつくられているへそ大根。夜間の冷えこみが増す12〜1月くらいになると厚さ3cmの輪切りにした大根をゆでてから真ん中にワラひもや細い竹の棒を通し、軒下などで干して乾燥させてつくる

端午の節句でへそ大根の煮物と一緒に出されるちまき。それ自体に味はないので、砂糖ときな粉をつけて食べる

撮影／長野陽一

〈福井県〉

たけのこと身欠きにしんの煮物

かつては暮らしの中でよく竹を利用したので、集落に1軒は竹林をもつ家がありました。今も4月になるといっせいにたけのこが出てくるので、手入れのされていない竹林があれば、声をかけてもらっていきます。豊作の年にはあちこちの知り合いがたけのこをくれます。

新鮮なたけのこは煮物やたけのこご飯にします。食べきれない分はゆでて塩漬けにして年中使います。春は山菜やたけのこを楽しむだけでなく、保存用に塩漬けや乾燥にしたりで、大忙しです。

若狭湾に面した嶺南（南部）に比べて、嶺北（北部）の内陸では魚は貴重品でした。その中でにしんは常に家にあるたんぱく質源で、囲炉裏《いろり》の上に干してあるにしんを、親に内緒で子どもがおやつにすることもあったそうです。春はたけのこや山菜、夏はなす、秋冬は大根やいもなどと炊き合わせました。にしんのうま味がしみこんでおいしいものです。紹介するレシピは、昔なら5人分くらいですが、今では10人分くらいです。

協力＝窪田春美　著作委員＝佐藤真実、岸松静代

撮影／長野陽一

＜材料＞10人分

ゆでたけのこ…1kg
身欠きニシン（ソフトタイプ）…3本
砂糖…大さじ2
醤油…90mℓ
酒…大さじ4
水…約500mℓ
木の芽…適量

＜つくり方＞

1 ゆでたけのこは根元の方は1cm厚さのいちょう切りや半月切りにする。穂先は4〜6つ割りに切る。
2 ニシンは米のとぎ汁に半日つけておく。水で洗い、4cm長さに切る。
3 鍋に1と2を入れ、水を加えて材料がつかるくらいにし、調味料を加え、40分ほど弱火でゆっくり煮る。
4 全体に味がしみたら火を止め器に盛り、たたいた木の芽を飾る。

〈山梨県〉
たけのこと煮干しの煮物

撮影／高木あつ子

＜材料＞ 4人分

ゆでたけのこ…500g
煮干し…5〜6本
水…2と1/2カップ
砂糖…150g
みりん…1/4カップ
醤油…3/4カップ

＜つくり方＞

1 ゆでたけのこはひと口大に切る。
2 鍋に煮干しと水を入れて加熱してだし汁をとる。煮干しはとり除かない。
3 たけのこと調味料を加えて汁けがなくなるまで約1時間煮含める。

◎煮たあとは一晩ねかせてもう一度火を通すと、味がしみておいしくなる。

県南部に位置する南部町は周囲を1000m級の山に囲まれています。森林が面積の約90%を占め、寒暖の差が少ない温暖な気候を生かしてたけのこが栽培されています。この料理はだしをとった煮干しを入れたまま煮るので、風味もよく栄養も豊富で、無駄がありません。煮干しだしの味とたけのこがよく合います。

おいしいたけのこを育てるには、ふだんの管理が大切で年4回ほど下草を刈ります。掘り出して収穫するのも一苦労。坂がきつく、年をとると作業が大変だといいます。収穫期の4月から5月は、お茶、わらび、なばななどの収穫や田んぼの仕事がいっせいに始まる忙しい時期ですが、毎年4月には「たけのこ祭り」も開かれ、たけのこ入りのおこわなども売り出されます。南部町では、ほんだけ（孟《もう》宗竹《そうちく》）、細いはちこ（淡竹《はちく》）、真竹《まだけ》が順に出てきます。根曲がり竹もとれますが、根曲がり竹が育つのは熊がいる場所と同じなので、収穫の際は気をつけているそうです。

協力＝佐野さとえ、遠藤静枝
著作委員＝柘植光代

〈京都府〉

たけのこの木の芽和え

「京のたけのこ」の産地は京都市西部の洛西一帯と、府南部の山城地域が有名です。たけのこ掘りは3月半ばから始まり、4月中旬から5月中旬にかけて最盛期を迎えます。やわらかいたけのこの穂先を木の芽味噌で和えると香りが高く、やさしい若草色をまとった一品となります。姫皮も和え物にし、穂先は吸いものにも使い、根元のかたい部分は煮物や揚げ物にして春の訪れを満喫します。

　山椒は日本原産で、山間地に自生します。周囲を山に囲まれた京都ではあちこちで山椒が見られます。聞き取りした方の竹林の中にもありました。たけのこを掘る時期と山椒の芽吹きが重なって、早春の味、出合いものになっています。木の芽和え、若竹汁、たけのこご飯などに山椒の若葉である木の芽は欠かせません。たけのこ料理以外にも、木の芽は煮物、焼き物、吸いものの吸い口などに、花山椒は料理のあしらいや佃煮に、さらに実山椒（未熟果）は佃煮にと、一年を通して利用します。

協力＝中村和男、中村喜美子
著作委員＝河野篤子、米田泰子

撮影／高木あつ子

＜材料＞4人分

ゆでたけのこ（穂先の部分）…200g
だし汁…1/2カップ
うす口醤油…小さじ1
みりん…小さじ1
白味噌…40g
砂糖…大さじ1
木の芽…1パック（約10g）

＜つくり方＞

1 たけのこは薄切りにする。
2 だし汁、醤油、みりんを鍋に入れて煮立たせ、1を下煮して冷ます。
3 木の芽は数枚を残してすり鉢でする。
4 3に白味噌と砂糖を加えてさらにすり、2の汁を少しずつ加えてとろっとする程度にのばす。
5 4で2のたけのこを和える。
6 器に盛り、残しておいた木の芽をたたいて飾る。

竹林の中の、実をつけた山椒

〈高知県〉

淡竹《はちく》とえんどうの煮物

淡竹とえんどうは相性がよく、このふたつがそろったら必ずつくりたくなる料理です。独特の旨みがあり、サクッとした歯ざわりの淡竹と、やわらかく煮えた香りのよいえんどうの組み合わせはとてもおいしく、さわやかな色合いは初夏を感じさせます。料理の仕方は家庭によっていろいろで、最初から淡竹とえんどうを調味料で煮て、しっかりと味をつける人もいれば、えんどうを別ゆでにして加え、色よく、しわをよらせずにふっくらと仕上げたりと、それぞれこだわりがあります。

昔は、県内の多くの地域では6月の梅雨入りの頃が田植えで、その時期になると淡竹が出て、えんどうもとれたものでした。田植えの弁当には淡竹とえんどうの煮物が必ず入っていたそうです。早期米地帯の南国《なんこく》市は現在、えんどうの植えつけが早く、えんどうがとれる頃には淡竹はなく、淡竹が出る頃にはえんどうはありません。そのため、えんどうを冷凍しておいて使うそうです。

協力＝岩目博子、山本都子、尾﨑由香
著作委員＝小西文子、五藤泰子

撮影／長野陽一

＜材料＞ 4人分

淡竹…2〜3本（正味300g）
えんどう（うすいえんどう）
…100g（正味）
だし汁（アジじゃこ*）…2カップ
砂糖…大さじ2
みりん…大さじ1
醤油…大さじ1
*アジ煮干し。

＜つくり方＞

1 淡竹は皮をはいで、斜め切りにする。
2 水から入れて色が変わるまでゆで、そのまま冷ます。ゆでているうちに泡状のものが浮いてきて白いかたまりになるが、そのままでかまわない。
3 ゆで汁が冷めたら淡竹をとり出し、水で洗う。
4 だし汁に淡竹とえんどうを入れて火にかけ、煮立ったら砂糖、みりん、醤油を加え、淡竹とえんどうに味がしみるまで中火でゆっくり煮る。

◎冷凍のえんどうを使うときは、淡竹を調味してから加える。えんどうは塩ゆでし、ほんの少し砂糖をふって冷凍する。

〈福岡県〉

干したけのこの煮物

熊本や大分との県境にある県南西部の八女《やめ》市では、干したけのこの煮物が夏のお盆のごちそうです。春、たけのこの収穫時期は短く、どうしてもとり残して成長してしまうものがあります。たけのこの産地であるこの地では、地上に大きく伸びた竹を伐り、穂先のやわらかいところだけを切りとってゆで、開いて干して、干したけのこをつくってきました。

たけのこは干すことで長期保存ができ、春の味を夏に楽しむことができます。また、たけのこの山は放置しておくと生えすぎて管理が大変になります。八女では昔から、たけのこをとる人、ゆでる人、切って干す人を分担、協力し、里山の恵みを無駄なくおいしく食べるとともに、山を守ってきました。

干したけのこを水で戻して煮ると、生のたけのこの煮物とは違うコリコリとした食感が楽しめます。他の材料は入れず、たけのこだけを煮るシンプルな料理ですが、うま味が濃縮され味わい深く、地域の子どもたちも楽しみにしているふるさとの味です。

協力＝原勝子　著作委員＝楠瀬千春

撮影／長野陽一

＜材料＞ 4人分

干したけのこ…300g（戻して900g）
水…2.5カップ
砂糖…大さじ2強（20g）
うま口醤油*…大さじ1強（20g）
*九州でつくられている甘味の強い醤油。

干したけのこ（上）と戻した状態。孟宗竹をゆで、縦に半分、大きさによっては4等分にし、トタンに広げ、完全に乾燥するまで日光に当てる

＜つくり方＞

1 鍋に干したけのことたっぷりの水に入れ火をつける。沸騰したらすぐに火を止め、そのまま一晩おく。
2 戻したたけのこを水で洗い、縦に幅1cm、長さ7cmに切る。
3 分量の水とたけのこを鍋に入れて火にかけ、沸騰したら、砂糖を2〜3回に分けて入れる。
4 煮汁が減ってきたら醤油を入れ、煮汁がなくなればできあがり（写真①）。

撮影／戸倉江里

＜材料＞４人分

ゆでたけのこ…400g
こんにゃく…100g
皮クジラ（スライス）…80g
木の芽…適量
味噌…大さじ１強（20g）
砂糖…大さじ５
酒…大さじ４
油…適量

＜つくり方＞

1 たけのことこんにゃくは食べやすい大きさに切る（5㎜程度に薄切りしたあと、3×3㎝程度に切る）。
2 クジラは湯通しする。
3 厚手の鍋に油をひき、たけのことこんにゃくを炒める。
4 材料に油がなじんでこんにゃくに火が通ったらクジラを加えて味噌、砂糖、酒を加えて炒め、全体に汁けが少なくなり料理に光沢がでたらできあがり。
5 器に盛りつけ、たたいた木の芽を散らす。

〈佐賀県〉

たけのこの味噌炊き

県西部の焼き物の町・有田は、面積の約７割が森や山で占められています。竹林も多く、毎年４～５月は親戚や家族、知人が集まり、自生している孟宗竹《もうそうちく》のたけのこ掘りを宝探しのように楽しみました。

収穫したたけのこは外皮を除き、縦半分に切りその日のうちにゆでます。大きなかまどに米のとぎ汁またはぬかを入れた湯を沸かします。その際、赤唐辛子を入れる家もありました。強火で約１時間ゆで、火を止めたあとはアク抜きのため、ゆで汁の中で常温になるまで冷まします。ゆでたけのこは煮物や炊きこみご飯や汁ものにしました。ぬかと塩に漬けたり干して長期保存もできました。

たけのこの味噌炊きはさっぱりとした風味のたけのこと、脂分の多いくじらとの相性がよいものです。たけのこの田楽と呼ぶこともあります。たくじらは有田ではさまざまな料理に使われましたが、最近は手に入りにくくなり、代用で豚肉や鶏肉、あるいは油揚げでもつくります。

協力＝米原喬子、松本郁子
著作委員＝橋本由美子、副島順子、西岡征子

〈熊本県〉

たけのこのひこずり

熊本県は全国有数のたけのこの産地で、孟宗竹《もうそうちく》をはじめ、淡竹《はちく》や苦竹《にがたけ》（真竹《まだけ》）などさまざまな種類のたけのこが食べられています。山間部に暮らす人の家のそばにはたいてい竹やぶがあり、普段から下草を刈ったり、間伐をしたりと手入れをしていました。春になると竹やぶでたけのこを掘り、ゆでてそのまま料理に使う他、塩漬けにしたり干したりして年中使えるよう保存していました。

たけのこのやわらかい穂先は木の芽和えに、根元の少しかたい部分はひこずりや煮物にして楽しみます。ひこずりとは、「ひっこする（強くこする）」「こすってひきずる」という意味。たけのこをひきずるように油で炒めていたことからこの名がつきました。ひきずるようにしっかり炒めることで根元部分も食べやすくなります。油で炒めることで香ばしさとコクが加わり、味噌で味つけすることでえぐみがやわらぎます。また、木の芽がさわやかなアクセントとなり、食べると今年もまた春が来たなと思います。

著作委員＝原田香

撮影／戸倉江里

＜材料＞4人分

ゆでたけのこ…300g

- 白味噌…大さじ2
- みりん…大さじ1
- 砂糖…大さじ1

だし汁（かつお節）…1/2カップ

油…大さじ1

木の芽…適量

＜つくり方＞

1 たけのこは5〜6㎜程度の半月切りまたはいちょう切りにする。

2 鍋に油を熱し、たけのこを炒め、合わせた調味料とだし汁を加え炒め煮にする。

3 汁けがなくなったら刻んだ木の芽を加え、器に盛り、たたいた木の芽を飾る。

◎地域や家庭によっては、炒めたたけのこをすりつぶした木の芽や砂糖などを加えた味噌と和えてつくる。

<材料> 4人分

たけのこ（大名竹、小さん竹など）*
…200g
衣
- 小麦粉…80g
- 卵…1/2個（25g）
- 水…110mℓ（卵と合わせて粉の約1.7倍になる分量）

揚げ油…適量
塩、のり塩（青のりと塩を混ぜたもの）…適量

*アクが少なく、下ゆでせずに食べられるたけのこを使う。写真は大名竹。

<つくり方>

1 たけのこの皮をむき（写真①）、斜めに5mm幅に切る。
2 溶き卵に水を加え、粉を加えて軽く混ぜ、天ぷらの衣をつくる。
3 揚げ油を180℃に温め、たけのこに衣をつけて揚げる。火が通りやすいので、20〜30秒で浮いてきたらとり出す。
4 塩やのり塩をつけて食べる。

撮影／高木あつ子

〈宮崎県〉

たけのこん天ぷら

鹿児島県との県境にあり、山に囲まれている都《みやこの》城《じょう》市は山野草に恵まれ、さまざまな種類のたけのこが育ちます。3月下旬の孟宗《もうそう》に始まり、4月のしのめ竹（しのぶ竹）やこさん竹、5月のうさん竹やからたけんこ、6月のでも竹（大名竹）と続き、秋には四角たけんこも出て、煮物や味噌汁、和え物にしたり、乾燥させて保存食として利用してきました。細くて小さいしのぶ竹は皮ごと風呂の火で焼き、風呂焚き仕事のときのおやつだったそうです。

最もおいしいのが大名竹とこさん竹です。「おいしくて大名しか食べることができないから大名竹」といわれるほど風味や口ざわりがよいたけのこです。どちらも下ゆでせずにそのまま調理でき、味噌汁には、生のまま輪切りやささがきにして入れ、さっと加熱して食べます。生をスライスして揚げた天ぷらはサクサクとした優しい歯ざわりで、塩と青のりをつける程度で味わうと、上品な大名竹の風味と甘さが口の中に広がります。

協力＝中川町子、秋永正廣、木下テル子
著作委員＝秋永優子、長野宏子、篠原久枝

〈静岡県〉

ふきの煮つけ

静岡市内では、昔はふき（山ぶき）が自生していて、八百屋でも売られ、春になるとふきの料理をよく食べました。ふきは、透明感のある緑色と、摘みたてのすがすがしい香り、ほろ苦さが残るように、淡めの味つけでさっと煮つけます。砂糖や醤油で伽羅《きゃら》色（濃い茶色）になるまで煮しめたきゃらぶきもなじみ深い、懐かしむ人が多い料理です。日差しが暖かくなると、「早くふきが出ないかな」と楽しみにしていました。

ふきは、やや日陰で風通しよく、湿りけがある山林に生えます。昔は水田や川の土手にもありました。ふきの地下茎から花茎（ふきのとう）が出たあとに伸びてくる、葉柄をもった葉を摘みました。

自生のふきの群生を見つける機会は減りましたが、今でも春になると、山菜を扱う農家から山ぶきをとり寄せたり、山ぶきの栽培ものを購入したりしてつくっています。

協力＝高塚路子、遠藤泰子
著作委員＝高塚千広

＜材料＞ 4人分

ふき（山ぶき）…350 g
塩（板ずり用）…適量
だし汁
- 水…4カップ
- 花かつお…15 g

砂糖…大さじ2強（20 g）
醤油…大さじ2
塩…小さじ1
木の芽…適量

ふきの葉柄。長さは15～30cmで、地下茎とのつけ根のあたりは赤みをおびている

＜つくり方＞

1. ふきは、ゆでる鍋の直径に合わせて長さを切りそろえる。
2. まな板の上にのせ、塩をひとつまみかけ、手でごろごろ転がす（板ずり）（写真①）。
3. 鍋に湯を沸かし、塩がついたままのふきを入れて5分ほどゆで（写真②）、水にとる。
4. 端の部分の皮を指でむき、その皮をまとめて引っぱるときれいに皮がむける（写真③、④）。
5. 4のふきを長さ5cm程度に切りそろえる。
6. 鍋にだし汁と調味料を入れ、煮立ったところにふきを加え、弱火で15～20分煮る。
7. 器にふきを盛りつけ、煮汁をかける。あれば木の芽を添える。

◎醤油だけで煮るとふきの色が茶色くなるので、醤油を減らし、塩を加えて淡い緑色が残るように煮る。

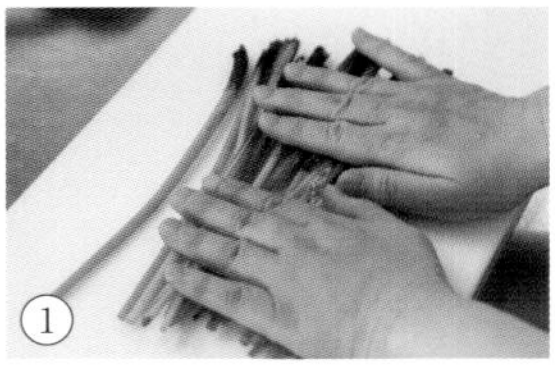

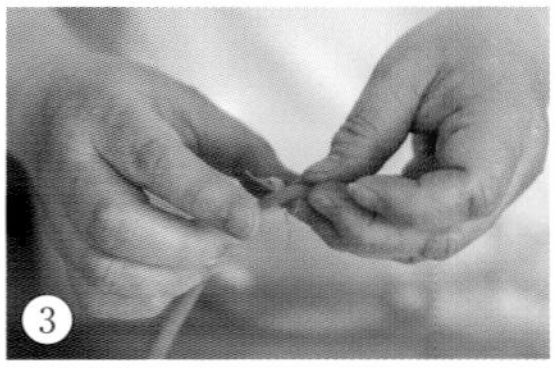

撮影／五十嵐公

〈秋田県〉

ばっけ味噌

秋田県ではふきのとうを「ばっけ」と呼びます。ばっけは、長い冬が終わり春の訪れをつげる植物で、秋田県の県花でもあります。早春、3月になると山間部ではあちこちでばっけが生えるので、ばっけ味噌は県内各地でつくられています。

ばっけ味噌は細かく刻んだばっけを味噌で練ったもので、簡単につくれます。アクがあるのでさっとゆでて油で炒めます。ばっけ味噌には、なるべく穂先の開いていない早春のばっけを使います。春はさまざまな山菜が出てきますが、ばっけ味噌に適したばっけがとれる期間は短いので、その時期にまとめて摘んでつくっておきます。味噌と砂糖の配合は家庭により異なり、それぞれの家庭の味があります。ここで紹介したレシピは、ばっけがやや多めで、甘さは控えめです。シンプルに温かい白飯にのせて食べるのが格別です。独特の苦味と香りがおつまみとしても好まれ、現在ではお土産品として人気があります。

協力＝浅石シガ
著作委員＝髙山裕子

＜材料＞ つくりやすい分量

ばっけ（ふきのとう）…150g（約20個）
油…少々
┌ 秋田味噌（赤色辛味噌）…200g
│ 砂糖…100g
└ 酒…大さじ1

＜つくり方＞

1. ばっけをよく洗い、外側のかたい部分や黒くなっている部分はとり除く。
2. 味噌、砂糖、酒を混ぜ合わせる。
3. 鍋にたっぷりの水を入れて火にかけ、沸騰したら、ばっけを入れて色よくさっとゆでる。水にさらし、2回ほど水を替える。
4. 手でぎゅっとしぼり、ばっけの水けをきってみじん切りにする。
5. フライパンに油をひき、ばっけを入れて弱火で軽く炒める。
6. 2の調味料を加えて弱火でしっかり練る。
7. 器に盛りつける。またはビンに入れて保存する。

撮影／高木あつ子

〈栃木県〉
山ぶきのきゃらぶき

山に囲まれた日光地域では、あちこちで山菜がとれます。5月の連休が過ぎるとたけのこがとれ、5月中旬から下旬には山椒がとれ、6月上旬になると山ぶきがとれます。山菜とりの好きな人はたくさんとってきて、近所におすそわけをします。いただいた家ではキロ単位できゃらぶきをつくって一年中食べるものでした。紹介するレシピでは、つくりやすいように500gにしていますが、本来は手に入るだけつくって保存するものです。以前は保存のために濃い味つけにしましたが、最近は冷凍しておけるので薄味にするそうです。

山ぶきは山の斜面や山すそに自生していて、早春にふきのとうが出たあたりを目安にとりに行きます。畑の土手などにも自生するふきがありますが、山ぶきの方が香りが高く、苦味が少なくてやわらかいのです。普通は小指くらいの細さですが、太いふきがとれたら、きゃらぶきにせず油揚げとのうま煮に仕上げます。

協力＝加藤ステ、加藤すみ子
著作委員＝名倉秀子、藤田睦

撮影／五十嵐公

＜材料＞ つくりやすい分量

山ぶき…500g
砂糖…30g
醤油…大さじ2
酒…大さじ4
だし汁…大さじ1

＜つくり方＞

1. ふきは下の方の赤い部分を除き、5〜6cmの長さに切る。塩（分量外）をふって板ずりして毛羽を除く。アクで手が黒くなるのでゴム手袋をするとよい。
2. 水で洗って塩と毛羽をきれいにとり除く。ザルにあげて軽く水けをきる。
3. 鍋にふきを入れ、調味料とだし汁を加えて火にかける。
4. 一度煮立ったら蓋をし、火を弱めてとろ火で煮る。煮汁が少ないので、弱火でじっくりと煮含める。
5. 全体に味がついたら、あとは好みのかたさに煮上げる。

◎鷹の爪を入れて、辛い味つけにしてもよい。
◎4で強火で煮てしまうと、ふきがかたいままになる。

〈宮崎県〉

つわぶきと生節のきんぴら風

つわぶきは海に面した暖かい日南地方に多く見られ、地元ではつわと呼びます。食べるのは産毛のような細かい毛がついている若い芽の茎で、新しい芽が出始める2月から4月にかけて採取します。産毛をとり除き、皮をむき、アク抜きをしてと手間がかかりますが、つわのほろ苦さは春の味として親しまれてきました。

つわぶきは繊維が多く、便通がよくなり排毒作用があるので、炭鉱で働く人が食べるとよいとされ、かつては炭鉱のある北九州まで売りに行ったそうです。葉がついているとしおれてしまうので、葉を落として根元をそろえ、束ねて持って行きました。最近は栽培ものも市場に出回り、自生のつわを「山つわ」、山つわを畑に植えて育てたものを「つくりつわ」と区別しています。味は山つわがよく佃煮にするとシャキシャキとおいしく、つくりつわで佃煮をつくるときは皮をむかない方が歯ごたえよく仕上がるそうです。

協力＝矢越ミノリ、崎村ミサヲ、井元弘子、山本まきえ　著作委員＝篠原久枝、長野宏子

＜材料＞4人分

つわぶき（下処理したもの）…300g
カツオのなまり節（醤油煮）*…200g
しょうが…50g
だし醤油**…大さじ3
油…適量

*生節を醤油ベースのたれで煮たもの。醤油節とも呼ばれる日南のカツオ加工品。

**濃口醤油6カップ、うす口醤油3カップ、ザラメ500gを混ぜて火にかける。ザラメが溶けたらみりん、酒を各1カップ、かつお節70g、干し椎茸20gを戻して切って加え、ひと煮立ちさせる。ふきんでこし、熱いうちに殺菌したビンに詰める。

＜つくり方＞

1 下処理した（アク抜きして、ゆでて水けをきった）つわぶきを、食べやすい長さ（約5cm）に切りそろえる。太い部分は縦半分に切る。
2 油を熱したフライパンにつわぶきを入れて炒め、せん切りにしたしょうがを加えて炒める。
3 薄切りにしてほぐしたなまり節を加えてさらに炒め、だし醤油を鍋肌から加えて味を調える。

左／つわぶきは産毛のついている若い芽を摘む。葉が半開きぐらいだとやわらかい　右／摘んだつわは葉を落とし、新聞紙などに包んでおく

つわぶきの下処理

1 若い芽は産毛が多いので、10cm程度の大きさに切った新聞紙ではさみ、根元から先の方に動かして産毛をこそげとる（写真①）。2〜3回繰り返してしっかりとり除く。
2 葉のついていた先の方から皮をむく。このとき、人さし指をつわぶきの茎に当てて固定し、親指と中指で皮をむくと最後まできれいにとれる（写真②）。
3 20cmの長さに切り、3%の塩水に2時間ほどつけてアク抜きをする。水が茶褐色になる。
4 3%の塩水を新しくつくり沸騰させ、3を入れて爪が立つぐらいまでゆでる。
5 ゆで上がったらザルに広げ、ラップをかぶせ、水を入れたボウルなどをのせて水けをきる。翌日使用するときはこのまま一晩おく。急ぐときはペーパータオルなどで水分をふきとる。

撮影／高木あつ子

本書で登場するたけのこ

たけのこは竹や笹の地下茎から出てきた芽です。
成長が早く、10日もすると竹になってしまうので、
その時期をのがさずにとりに行きます。
日本に650種以上ある竹、笹の中でも食用は12 ～ 13種。
本書に登場するたけのこの一部を紹介します。

撮影／奥山淳志（真竹）、高木あつ子（大名竹）、PIXTA

孟宗竹《もうそうちく》

収穫時期：3 ～ 5 月
分布：九州、四国、本州

もっとも多く食べられている品種。竹の中で一番早くたけのこを出す。大きく肉厚でやわらかい。えぐみも少なく香りもあり、缶詰、水煮、塩漬け、乾燥など多様に加工される。竹は高さ10 ～ 25mになる。中国原産。

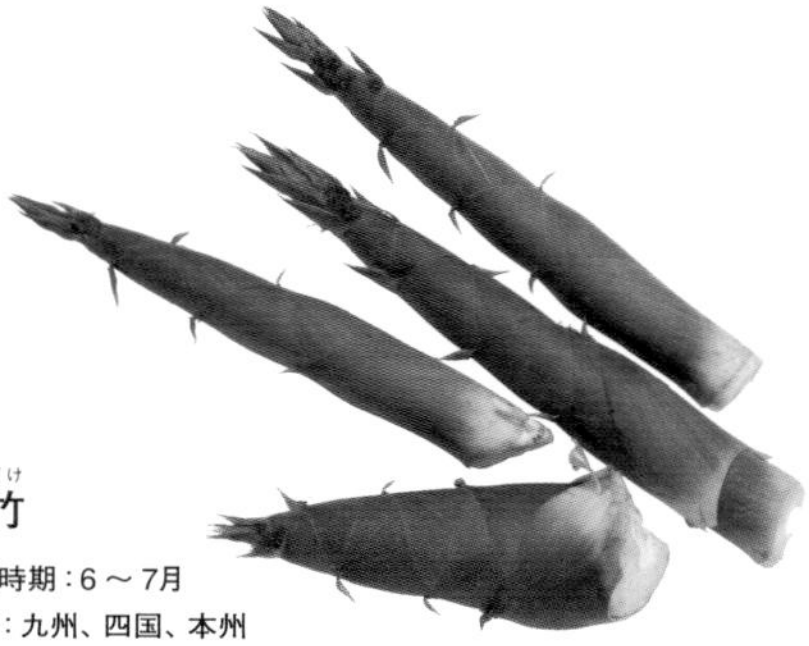

真竹《まだけ》

収穫時期：6 ～ 7月
分布：九州、四国、本州

中国原産で、昔から日本に自生している。竹は孟宗竹の次に大きく高さ10～20mになる。たけのこは出るのが遅い。苦味が少しあり、淡竹や孟宗竹より味が劣るため、たけのことしてより、竹材として利用される。節間が長いために竹細工に適している。

→p18 熊本県のたけのこのひこずり

淡竹《はちく》

収穫時期：5 ～ 6月
分布：九州、四国、本州

寒さに強く、北限は北海道札幌市。中国原産で、孟宗竹より古くから日本に分布している。たけのこは地上に出てから掘りとってもやわらかく、甘味や独特の歯ざわりがある。竹は高さ10～15mになり、緻密で竹細工にも使われる。

→p10 福島県のへそ大根の煮物、p15 高知県の淡竹とえんどうの煮物

大名竹《だいみょうだけ》

収穫時期：7 ～ 8月
分布：九州南部

中国原産の笹で、和名はカンザンチク。日本の笹の中では一番大きく、高さ3 ～ 5mになる。九州では防風林とされる。たけのこの太さは1 ～ 3㎝で、くせがなくやわらかい。アク抜きは必要ない。天ぷらや蒸し焼きなどにして食べる。

→p19 宮崎県のたけのこん天ぷら

根《ね》曲《ま》がり竹《だけ》

収穫時期：7 ～ 8月
分布：本州（700m以上の高冷地）、北海道

日本原産の笹で、和名はチシマザサ。クマザサの一種で、高さ約4m、地面の際から弓形に曲がるためこの名前がついている。たけのこの太さは1 ～ 2㎝で白くてやわらかい。煮たり焼いたり、塩漬けや缶詰、ビン詰にもする。

→p6 青森県の根曲がり竹の炒め煮、p8 秋田県の山菜のかやき

山菜いろいろ

シャキシャキ、コリコリ、つるめき（とろとろ）……山菜は歯ざわりや色合いを楽しみ、ほろ苦さや独特な香りを味わいます。下ごしらえや保存に手がかかりますが、これを食べないと春がきた気がしないという味が各地で伝わっています。

〈青森県〉みずの水もの

みず（ウワバミソウ）は春から秋に収穫できる山菜で、青森で愛されている食材の一つです。アクが少なく、加熱するときれいな緑色になり、根元はやさしいとろみが出ます。みずの水ものは皮をむいてゆでたみずを、塩味の昆布だしにつけた料理で、おもてなしにも酒のつまみにもなります。シャキシャキして歯ざわりがよく、汁を飲みながら食べると昆布の香りが広がり、あとを引くおいしさです。夏が旬のホヤを入れると、ホヤ独特のうま味と磯の香りが加わり、さらにおいしくなります。沿岸部では、生のサザエやアワビの薄切りを入れたり、宵宮《よいみや》（祭りの前夜に行なう祭り）やお盆には数の子を入れたりすることもあります。

くせがないみずはビンや缶詰でも保存できます。糸こんにゃくや油揚げと炒めたり、豚汁に入れたりといろいろ使えます。皮をむくのに手間と時間がかかるので、あちこちからもらって手に余ると、ありがたいけれど「あぐばったい（うんざりする）」と思うこともあるそうです。

協力＝小田桐京子　著作委員＝今井美和子

＜材料＞5人分

みず（皮をむいたもの）
…200g（葉と皮つきは300g）
┌ 昆布…5g（水の2％重量）
└ 水…1と1/4カップ（250mℓ）
塩…小さじ1/3（2g）
昆布*…2g
赤唐辛子…少々

*代わりに塩昆布4gでもよい。ただし、その場合は塩で味つけせず、だしが冷めてから加える。

みずはイラクサ科のウワバミソウ。多年草で草丈は30～60cm。茎は水分が多く折れやすい。根茎は赤紫色。ミズナとも呼ばれ、日陰で湿気の多い山林や斜面、川の縁などに生えている。みずをとる人は、たくさんとれる自分だけの場所を何カ所か知っており、毎年決まった場所にとりに行く

＜つくり方＞

1 昆布を水につけて冷蔵庫で一晩おく。鍋に移して火にかけ、沸騰直前に火を止めて昆布をとり出し、塩で味つけして冷やしておく。
2 みずは根元（ひげ根の部分）をよく洗い、土を落とす。葉に皮をつけるように下に向けてはがしながら皮をとる（写真①、②）。
3 3～4cm長さに、皮がむけていない方に折りながら皮をむく（写真③）。
4 折ったみずを熱湯でさっとゆでて（鮮やかな緑色になる）ザルにとり、氷をのせて冷ます。
5 2gの昆布を細切りにし、赤唐辛子は種をとって小口切りにする。冷やしたみずと昆布、赤唐辛子を1のだしに入れる。

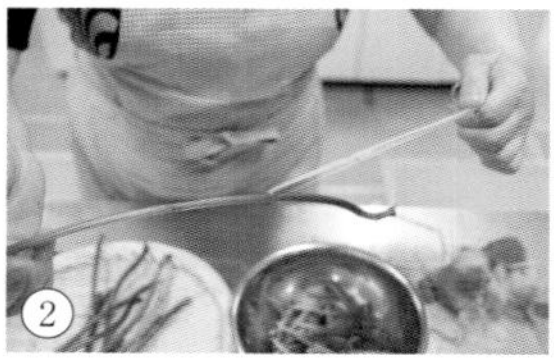

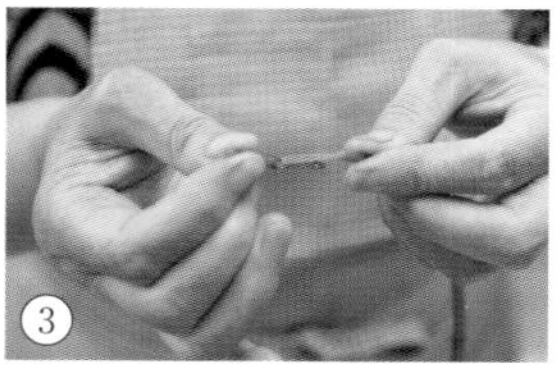

みずとほやの水もの。ホヤは中身をとり出し、ワタや黒い部分を除いて洗い、みずと同じような細切りにする。みずと小口切りにした赤唐辛子と一緒に塩で味つけした昆布だしの中に入れる

撮影／五十嵐公

〈北海道〉

行者にんにくの卵とじ

行者にんにくは北海道の春の山菜を代表する食材です。にんにくのような独特の香りがあり、滋養強壮の効果があるともいわれ、卵とじやおひたし、炒め物、また、醤油漬けなどにして昔から親しまれてきました。

襟《えり》裳《も》岬の北東部にある十勝地方でも知人や親戚などからもらうことが多く、毎年楽しみにしていたそうです。行者にんにくは調理前にハカマという赤い薄い皮をとります。量が多いとこの作業に時間がかかりますが、好きな人にとっては苦になりません。

行者にんにくが自生しているのは山の斜面や川の近くの斜面などで、ひとつ見つけると、周りにはたくさん生えています。生育が遅いのでとりすぎないようにして、必ず根を残して茎葉だけを切りとります。春の山に入るときは、熊に出合わないように音がする鈴をつけます。山菜とりは楽しく、名人でも夢中になってだんだん山に入り込み、帰る道がわからなくなることもあったそうです。

協力＝馬場豊子、塚田杜旨子
著作委員＝山口敦子

撮影／高木あつ子

＜材料＞ 4人分

行者にんにく…100g
卵…2個
だし汁（昆布やかつお節）…1カップ
醤油…大さじ1と1/3

＜つくり方＞

1 行者にんにくはさっと洗い、ハカマ（根元にある赤い薄皮のようなもの）を手でとり、5cmの長さに切る。
2 鍋にだし汁と醤油を入れて煮立たせる。
3 行者にんにくを加え、煮立ったら溶き卵を回し入れ、卵が半熟になったら火を止める。

行者にんにくの醤油漬け。さっとゆでで、刻んで醤油、砂糖、酒に漬ける。刺身、天ぷらなどに使うと独特の風味が料理の味を引き立てる

〈岩手県〉
うこぎのほろほろ

　県中央部の盛岡市や滝沢市周辺では春になると、うこぎの新芽を摘んで、ほろほろをつくります。さっとゆでて細かく刻んだうこぎに、同じように細かく刻んだ大根の味噌漬けとくるみを合わせ、熱々のご飯にかけて食べます。ほろ苦いうこぎと鬼ぐるみのコクや甘味は相性がよく、味噌漬け大根のコリッとした歯ごたえとしょっぱさがアクセントになり、ご飯の進むおかずです。派手さはありませんが季節を感じられる一品として昔から食べられてきました。また、滋養があり産後の女性によいとされ、春にお産をするとお姑さんがお嫁さんにつくってあげたりしました。

　うこぎは昭和30年代後半頃までは、家の周辺や畑の境などに生垣として植えられていました。現在は家の周辺で見ることも少なくなり、盛岡市内では春になると、うこぎ、大根の味噌漬け、くるみとつくり方をセットにした「うこぎのほろほろセット」が青果店に並んだりします。

協力＝藤倉フヨ、藤倉昌枝、高橋きみ子
著作委員＝冨岡佳奈絵

撮影／奥山淳志

＜材料＞ 4人分

うこぎ…40g
大根の味噌漬け…20g
鬼ぐるみ…30g
◎分量は好みで合わせてよい。うこぎが多ければ淡白に、くるみが多ければコクが出る。

うこぎ。県中央部では生垣として植えられていた

＜つくり方＞

1 うこぎにハカマがついている場合はとり除く。
2 塩少々（分量外）を入れたお湯でかためにゆで、冷水にさらす。
3 しっかりと水けをしぼり、みじん切りする。
4 大根の味噌漬け、くるみもみじん切りする。
5 3、4を混ぜ合わせる。ご飯の上にかけて食べる。

〈山形県〉

わらびたたき

　最上《もがみ》地方は県内でも豪雪地帯で、春に雪が消え始めると日当たりのよい土手にはふきのとう、河原にはこごみが伸び始め、山にはわらび、みず、ぜんまい、こしあぶらなどが出始めます。田んぼが忙しくなると、山に入り山菜をとる暇がありませんが、田んぼの畦《あぜ》道にもわらびはよく生えたので、ひとつかみほど摘んで帰ったそうです。丈15cmほどのやわらかいわらびはたたきやおひたしに、20cmを超えるものは茎がかたいので油揚げ、ちくわ、にんじん、ふき、こんにゃくなどとの炒め煮や、山菜ふかし、納豆汁の実、漬物にします。

　わらびを刻んでたたき、とろろ状にしたたたきは、とろろのような粘りとわらびの風味が楽しめます。出始めのやわらかいわらびでつくると、〝つるめき(とろとろした食感)〟がなんともいえずおいしく、かけるとご飯が進みます。すり鉢ですったり、味噌を焼いて加えるとおいしいのですが、田植えの忙しい時期ではなかなか時間はかけられなかったそうです。

協力＝松坂初子、松坂浩美
著作委員＝宮地洋子

＜材料＞ 4人分

わらび(アク抜きしたもの)…100g
味噌…大さじ1

＜つくり方＞

1 わらびをまな板にのせ、すりこ木で軽くたたきながら全体をつぶす(写真①)。
2 端から包丁で刻み、さらに包丁の背でとろみが出るまでたたく(写真②)。
3 味噌をのせて、包丁で混ぜ合わせる。

◎たたいたあとにすり鉢でするときめ細かく、ぽってり感が出ておいしい。味噌を焼いて加えると風味がよくなる。

◎好みでおろししょうがを添える。

わらびのアク抜きの方法

1 先端部分の穂(頭)は苦味がありボソボソするので除く。
2 わらびが完全に浸るくらい(わらび重量の2〜3倍)の沸騰水を用意する。
3 鍋にわらびを並べ、重曹を全体にふりかける。重曹の量は水の0.7%程度で、水1升に大さじ1程度。
4 わらびが完全に浸るように熱湯を注ぎ入れ、蓋をして一晩おく。
5 アクが抜けたら水にとり、水を数回とり替えて洗う。または、1〜2時間流水にさらす。

わらびの塩蔵

わらびがたくさんとれたときは塩漬けして保存する。

1 わらび重量の30%の塩を用意する。容器に穂を除いたわらびと塩を交互に重ね、表面に白くなるほどの塩をかぶせて、わらび重量の2倍の重しと蓋をする。
2 3〜4日経過して水があがったら重しを半分に減らし、重しをしたまま保存する。2年程度はしゃきしゃきと食感がよく、おいしく食べられる。

塩抜きの方法

必要な分だけを塩抜きして食べる。

1 銅鍋にたっぷりの水を沸騰させ、塩蔵わらびを加え、再沸騰する前に火を止める。
2 そのまま半日ほどつけおきすると元の太さに戻る。その後、1〜2時間流水にさらして塩を抜く。

◎銅鍋を使うと、銅イオンがわらびに作用して鮮やかな緑色に戻る。

撮影／長野陽一

〈秋田県〉

ぜんまいの一本煮

東成瀬村は県の東南端に位置し、岩手県や宮城県と接します。村域の93％を山林原野が占め、積雪期間が5カ月にも及ぶ豪雪地帯です。春の訪れも遅く、ぜんまいは5～6月にかけて収穫し、一年中使えるように、もんで広げてを繰り返して乾燥させ、干しぜんまいとして保存します。

干したぜんまいは戻し方で食感や味まで変わるもので、もみながら戻すのがこつです。戻したぜんまいは、切らずに一本そのままの姿で煮て、そのまま食卓に出します。他県でも同様な調理法があるようですが、県内では東成瀬村に特徴的で、他の地域から嫁入りした人が食べやすい長さに切って出したら姑に怒られたそうです。一本煮にすることで、ぜんまいの長さや太さが実感でき、ちょっとしたごちそう感があります。自分でとってきて、手間ひまかけて乾燥させ、それをまた手間ひまかけて戻して煮るのは、贅沢の極みといえるでしょう。根曲がり竹との煮物も相性がよくおいしいものです。

協力＝なるせ加工研究会（代表：谷藤トモ子）
著作委員＝熊谷昌則

撮影／高木あつ子

＜材料＞

干しぜんまい…50～60g（戻して400g）
油…大さじ2
醤油…1/2カップ
酒…大さじ2
砂糖…大さじ1
煮干し…5本

＜つくり方＞

1 干しぜんまいをたっぷりのぬるま湯を張ったボウルに入れ15分ほどおく。手でもみほぐしながらしわを伸ばしてまた15分ほどおくことを何回か繰り返し（写真①）、やわらかくなるまで戻す。
2 戻ったらザルにあげ水をきる。
3 鍋に油を熱し、切らない1本のままのぜんまいを入れて炒め、軽く火が通ったら、醤油、酒、砂糖、煮干しを加え、弱火で汁けがなくなるまでかき混ぜながら煮つめる。
4 煮干しを除いて1本のまま切らずに盛りつける。

◎干しぜんまいはゆでて戻すことが多いようだが、ぬるま湯での手もみ戻しは、手間はかかるが食感がやわらかくなりすぎることがなく、風味もよく感じられる。丁寧にもみほぐせば数時間で戻る。

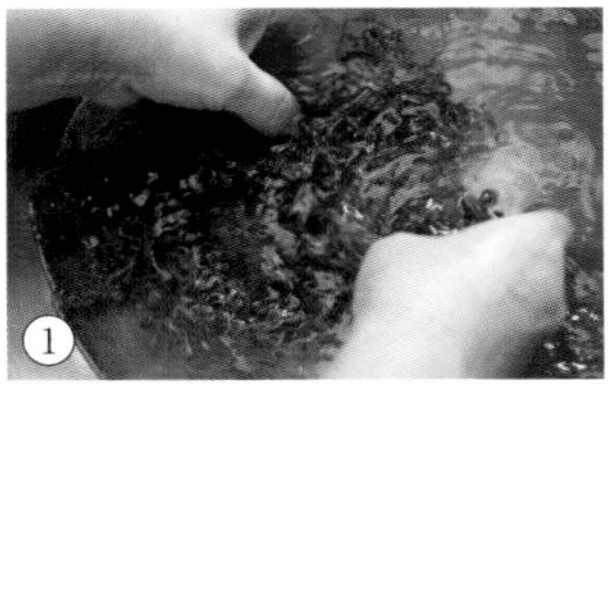

左：干しぜんまい、右：戻したぜんまい

撮影 / 高木あつ子

〈群馬県〉
こごみのえごまよごし

こごみは、人がこごんで（かがんで）丸まっているように見えることから「こごみ」というそうです。山菜の中でもアクが少ないので、さっとゆでてシャキシャキ感や独特な春の香りを楽しみます。県北西部の嬬恋村《つまごいむら》では昔、伸びきる寸前の、大人の膝下くらいまで大きくなったものをとって、ゆがいて干して保存食にすることもありました。

ごま和えにすることが多いですが、県北部にある片品村《かたしなむら》の花咲《はなさく》では、地域の特産であるえごまで和えます。花咲地区は農作物は何でもよくできますが、昔から里芋とごまはつくってはならない作物とされてきました。その理由は、「日本武尊《やまとたけるのみこと》が花咲村に悪い害をなした勢力を退治してくれた折、畑に霜が降り里芋の木が倒れ、この芋がらに足をすべらし、ごまの木で目をついて大けがをされた。それ以来、お世話になったお礼に里芋とごまはつくらないと誓い合った」とされています。この言い伝えを、村の人たちは今も昔のまま守っています。

協力＝星野秀子
著作委員＝神戸美恵子

＜材料＞ 4人分

こごみ…200g（正味）
- えごま…30g
- 砂糖…大さじ3と1/3（30g）
- 醤油…小さじ1（6g）
- 塩…少々

＜つくり方＞

1 こごみは1本ずつふりたたき、丸まっている部分の枯れ葉やごみを丁寧にとり除く（写真①）。茎のかたい部分を折り、とり除く。
2 こごみを水で洗い、残っている茶色いくずを洗い流す。
3 鍋にたっぷりの湯を沸かし、塩（分量外）を入れ、こごみを2分ほどゆでる。1つ食べ、ゆで加減を確認してからザルにあけ、水けをきる。
4 えごまをフライパンか鍋に入れ、弱火でゆっくりかき混ぜる。3粒ほどはねたら火からおろし、そのまま30秒くらいおき、しっかり火を通す。
5 ステンレスのお盆の上にオーブンシートを敷き、えごまを広げ、筒状の湯のみをころがしてつぶす（写真②）。
6 えごまと砂糖、醤油、塩をよく混ぜ合わせ、食べる直前にこごみと和える。

◎出始めの葉はやわらかいのでさっとゆでる。
◎えごまを炒りすぎると焦げて苦味が出る。
◎えごまをつぶすと油が出るので、油を吸わない紙を敷く。

〈群馬県〉

山菜の天ぷら

　県北部の、新潟県と福島県との県境にある利根《とね》郡は、冬はスキーができるほど雪が降る地域です。雪解けとともに山々に芽吹く山菜は、山あいに暮らす人々にとって長い冬の終わりを告げる〝喜びの食材〟として利用されてきました。

　春になると家の周りを一回りして、とれたものを天ぷらにします。油で揚げることで、苦味の強いふきのとうもまろやかなほろ苦さへと変わり、子どもでもおいしく食べられます。群馬県ではうどんやそばを食べることが多く、家庭ではよく野菜の天ぷらをつくりました。いつでも天ぷらができるようにと、揚げたあとはカスをすくい、天ぷら鍋に蓋をしてそのままにしておいて、油をつぎ足しながら数回使います。天ぷらは、日常的に食べられていましたが、山菜の天ぷらは芽吹きのときだけの、おごっつぉー（ごちそう）だったそうです。天ぷらはうどん粉をつけて揚げることから、西毛地域の神流町《かんなまち》では「つけ揚げ」と呼ばれています。

協力＝星野秀子
著作委員＝神戸美恵子

＜材料＞ 4人分

各種山菜（下の写真参照）…各8本
打ち粉（小麦粉）…適量
衣
┌小麦粉…1/2カップ
│かたくり粉…大さじ1
│冷水…1/2カップ
└酢…大さじ1
揚げ油…適量

左上から時計回りに、うどの穂先、山椒の葉、たらの芽、行者にんにく、ふきのとう、こしあぶら。のびるやよもぎもおいしい

＜つくり方＞

1 たらの芽、こしあぶらは、ハカマをとる。ふきのとうは外側の黒い葉をとり除き、洗って内側に虫や泥が入っていないか確認する。行者にんにくは赤い皮（ハカマ）をとり除き、2〜3cmの長さに切る。ハカマが残っていると舌ざわりが悪く、油がはねやすい。
2 材料に打ち粉をふる。
3 揚げる直前に衣をつくる。
4 鍋に油を170℃に熱し、2の材料に衣をつけて揚げる。行者にんにくは刻んで最後にかき揚げにする。

◎山菜の風味を生かすには、「サッと通すくらいのつもりで」揚げる。

◎衣にかたくり粉や酢を入れると粘りけが抑えられサクサク感が出る。ベーキングパウダー大さじ1/2程度を加えるのもよい。

撮影／高木あつ子

撮影／長野陽一

〈埼玉県〉

旬の山菜と野菜の天ぷら

山地と平野の接する日高市では、里山の利用がさかんです。早春にはふきのとう、こごみ、せり、のびるなどの野草が芽吹き、低い山では、わらびやたけのこがとれ、旬の山野草を食材としてとり入れています。

山菜や野草は、野菜と違ってアクや苦味があるため、戦前は年間を通じて野菜がとれるこの地域では食べる人は少なかったとされています。山菜や野草の天ぷらがハレの日の料理としてつくられるようになったのは、油が調理に使えるようになった戦後以降です。

昭和30〜40年代は自家製の野菜だけでなく、季節に応じて近くの里山でとれた山菜、きのこ、野草などを使った汁もの、おひたし、煮物が食卓に上りました。油をたくさん使う天ぷらは当時はごちそうでした。アク抜きなどの下処理もほとんど必要なく、調理も簡単で揚げることでボリューム感が出るため、手近な食材で季節も感じられるもてなしの料理として、人寄せのときに重宝されました。

協力＝日高市食生活改善推進員協議会
著作委員＝木村靖子

＜材料＞ 4人分

山菜（ふきのとう、たらの芽、こごみなど）…各4個
椎茸、野菜（にんじん、春菊、れんこん、かぼちゃ、さつまいもなど）…各50g程度
衣
- 小麦粉…100g
- 水または卵水…80g（卵水の場合水3：卵1）

揚げ油…適量
塩…少量

＜つくり方＞

1 ふきのとうは外側の茶色くなった葉をむき、たらの芽は下のがくの部分をむく。
2 椎茸は十字に切れ目を入れる。にんじんは3cm長さの短冊に切る。春菊は根元の太い茎の部分を切る。れんこん、かぼちゃ、さつまいもは1cm程度の厚さに薄切りにする。
3 小麦粉と水または卵水を合わせて衣をつくる。粘りを出さないように粉が残る程度にさっくりと混ぜる。
4 山菜や野菜に衣をつけて揚げる。油の温度はやや低めの150℃がよい。
5 塩をふって食べる。

〈富山県〉

つぼ煮

富山市街から南東へ約30㎞、霊峰立山の麓に位置する芦峅寺《あしくらじ》は立山に入山する際の最後の村落で、道筋に並んだ宿坊が信者を出迎えました。その宿坊で出された精進料理が「つぼ煮」で、つぼ椀という蓋つきの朱塗りのお椀に盛ったことからそう呼ばれています。この宿坊料理が一般家庭にも広まり、かつては葬儀や法事の際につくられましたが、今では日常でも食べるようになりました。豊富にとれる山菜や地元の野菜を生かして、地域で大切に守ってきた料理です。

つぼ煮の主役は、何と言ってもくごみ（こごみ＝クサソテツ）です。油との相性がよく、油で炒めて水分をとばし、旨みを引き出すのがポイントで、滋味深い味わいになります。くごみをおいしく保存するには、大きめの鍋でゆったりとゆでて、熱いままむしろやトタンの上にもみながら広げて干します。もんでは広げるを繰り返すことでやわらかく仕上がり、そうしないと針金のようにかたくて食べられないそうです。

協力＝佐渡登代子
著作委員＝中根一恵、深井康子

撮影／長野陽一

＜材料＞4人分

干しくごみ*…100g
にんじん…1/2本
里芋…2〜3個
厚揚げ…1/2枚
だし汁（昆布と煮干し）…2.5カップ
油…大さじ1と1/4
醤油…大さじ2と1/2
みりん…大さじ3と3/4

*こごみ（クサソテツ）のこと。

＜つくり方＞

1 干しくごみは鍋に水から入れて火にかけ、弱火で15分ほど煮る。自然に冷めるまで待ち、水をとり替える。翌日もう1回水をとり替え、2日水にさらす。
2 戻ったくごみは約2㎝に切る。
3 にんじんと里芋、厚揚げは8㎜程度のさいの目に切る。
4 鍋に油をひき、**2**を入れて炒め、にんじんを加えて炒める。
5 にんじんに軽く火が通ったらだし汁を加え、里芋、厚揚げを入れて煮る。
6 里芋がやわらかくなったら、調味料を加えて味を調える。

くごみ（左：戻したもの、右：乾燥）

〈福井県〉
水ふきの煮物

嶺北（県北部）の山に近い集落では、5月になると、数人で連れだって水ふき（ウワバミソウ）をとりに行きます。一人では出かけません。山菜とりには、毎年、同じような顔合わせでワイワイ言いながらとりに行くこと自体が楽しい、春の恒例行事です。詳しい人は水ふきをどのあたりでとるかをだいたい決めていて、教えてもらわないと場所はわかりません。山奥までは行きませんが、近くを流れる小川を少し入った谷間に生えているので、別名「谷ふさぎ」ともいいます。鎌で根元を残して切り、茎から上を持ち帰ります。たくさんとれるので、近所におすそわけをしたり、逆にもらったりもします。

下処理は簡単で、葉をとった茎をさっとゆでるだけで、そのまま和え物や炒め煮に使います。アクもくせもなく、味よりは色合いと歯ざわりを楽しみます。焼き鯖やにしんと煮てもおいしいものです。余ったら塩漬けにすると、色は悪くなりますが長く保存でき、煮物などに使用します。

協力＝窪田春美

著作委員＝佐藤真実、岸松静代

撮影／長野陽一

＜材料＞5人分

水ふき（ウワバミソウ）…500g
油揚げ*…1枚
醤油…1/4カップ
砂糖…大さじ1
だし汁…1カップ

*福井でいう「油揚げ」は他県の厚揚げに近い。

＜つくり方＞

1 水ふきは葉をとり、色が変わる程度にゆでて4cm長さに切る。
2 鍋に1と短冊に切った油揚げ、だし汁を入れて煮る。
3 ひと煮立ちしたら調味料を入れて、中火で10分ほど、味がしみるまで煮る。

〈岐阜県〉

沢あざみの煮物

県最西端の揖斐川《いびがわ》町の旧春日村は、伊吹山の東麓に位置する山々と清流に囲まれた地区です。特産の沢あざみはもとは谷筋に自生していた山菜ですが、古くに栽培されるようになりました。県の「飛騨・美濃伝統野菜」であり、2014年には世界的な伝統作物・食品の保存プロジェクト「味の箱舟」にも認定されました。

沢あざみは茎を食べます。若葉を天ぷらにすることもありましたが、葉が大きくなるとチクチクとする「ハリ」が出てくるため、あまり利用しません。葉をしごいた茎はごぼうに似た香りがして、しゃきしゃきとした食感が魅力です。収穫時期は4月下旬から7月下旬で、かつては塩蔵で保存していました。今は水煮も販売されています。風味を楽しむために、煮物の味つけは控えめ。和え物や混ぜご飯にも入れます。昔はよくにしんと煮ましたが、現代ではツナ缶も使うようになり、大人から子どもまで親しまれています。沢あざみを具に入れた「おやき」も好評です。

協力＝中村弘江、石山美也子
著作委員＝堀光代

撮影／長野陽一

＜材料＞4人分

沢あざみ（水煮）*…300g
だし汁…1/2カップ
醤油…大さじ2
みりん…大さじ2
酒…大さじ2
油…大さじ1
*生の場合は約330g。

上：沢あざみ、下：葉をしごいて食べる部分だけにしたところ。

＜つくり方＞

1 沢あざみの水煮は汁けをきっておく。生であれば、葉をしごいてとり、適当な長さに切りさっと下ゆでする。
2 鍋に油を熱し、沢あざみを入れ、強火で炒める。
3 油がなじんだら火を弱めてだし汁と調味料を加えて炒り煮する。10分ほどで火を止め、汁に少しつけておき、味をしみこませる。

◎身欠きニシン、たけのこ、じゃがいもなどを加えてもおいしい。ツナ缶を加えると子どもにも好評。

＜材料＞4人分

よもぎ…約200g
白すりごま…大さじ1
うす口醤油…大さじ1/2
合わせだし（かつお節と昆布）
…大さじ1/2
みりん…小さじ1/2
砂糖…ひとつまみ

＜つくり方＞

1 よもぎは砂や土などが残らないように丁寧に洗う。
2 たっぷりの湯を沸かし、塩小さじ1（分量外）を加えてゆでる。ゆであがったら冷水にとり、3～4回水を替えてアクを抜く。
3 **2**をしぼり、2～3cmの幅に切り、さらにしぼる。葉が細かくからみやすいのでボウルの中でほぐす。
4 **3**にすりごまを加えて和え、さらに調味料を合わせたものを加えて味を調える。

摘んできたよもぎ。おひたしには春の新芽の部分を使う

撮影／五十嵐公

〈奈良県〉よもぎのおひたし

奈良市や大和郡山市では、春先、庭や土手、田んぼや畑の脇に生えてくるよもぎで、甘味としてのだんごもつくりましたが、天ぷらやおひたしなどにもしました。家族の弁当をつくっていて、青みがないなぁと思ったときは庭のよもぎを摘み、さっとゆでて使っていたそうです。ほうれん草の和え物のようなものです。おひたしはよもぎの香りもよく、シャキシャキとした歯ごたえもあり、春を感じられます。今はお客様が来たときに天ぷらにすることはありますが、和え物は他の葉物があるのでやらなくなっています。

よもぎは大きくなると苦味やえぐみが強くなるので、できるだけ新芽、若いものを摘むようにします。暖かくなるとすぐに大きくなるので、昔は朝方に新芽を摘んだものです。春になると家族でよもぎなどの野草を摘み、新聞紙に広げて掃除して料理しました。最近はだんごは買う人が多いですが、今も摘んだよもぎで天ぷらやだんごをつくります。よもぎはゆでて冷凍保存することもあるそうです。

協力＝山中きくゑ　著作委員＝島村知歩

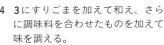

〈和歌山県〉

ごんぱちの炒め煮

ごんぱちはタデ科の植物いたどりの方言で、県南部を中心に広く使われている呼び名です。一説では、ごんぱち（権八）は居候《いそうろう》を意味し、山野や道端、川原などいたるところにならず者のようにはびこるので、じゃま者視するところから名づけられたとされています。和歌山県では、わらび、ぜんまいと並ぶ代表的な春の山菜です。魅力は、シャキシャキとした食感とかすかに残る酸味です。とってきたら、まず塩や水を使ってアクを抜きますが、上手にやらないとどろどろになるので、下処理には気をつかうそうです。

熊野川では4月から5月頃が旬で、葉が広がる前のやわらかで太めの若芽を選んで根元近くから手折ると、中が空洞でポキッという音がします。とればとるほどよく生えてくるので、たくさんとって一年中使えるように塩漬けや冷凍保存しておきます。旬のときは、下処理して薄味でさっと炊いたごんぱちを、すりごまを入れた木の芽酢味噌で和えるとおいしいそうです。

協力＝玉置達子　著作委員＝千賀靖子

＜材料＞ 4人分

ごんぱち（生を下処理したものか、冷凍）…360g
油…大さじ1と1/2
醤油…小さじ1と1/3
砂糖…大さじ1と1/4
酒…大さじ1
ごま油…小さじ1と3/4
かつお節…15g
白すりごま…5g

＜つくり方＞

1 下処理したごんぱちは食べやすい大きさに斜め切りにする。
2 冷凍のごんぱちの場合は凍ったまま水につけ、水をとり替えながら2時間ほど塩出しする。食べてみて塩が抜けていることを確認する。
3 フライパンに油を入れ、ごんぱちを炒める。醤油、砂糖、酒を加えて手早く炒め、香りづけにごま油を加えて火からおろす。かつお節とすりごまを入れて混ぜ合わせる。

撮影／高木あつ子

生のごんぱちの下処理

1 ごんぱちを約60℃の湯にさっと（約20秒）通し、熱いうちに手で皮をむく。湯が熱すぎたり、つける時間が長いと食感が悪くなる。
2 新たな水を沸騰させたところに1を入れ、箸で混ぜながらゆでる。色が白っぽくなったらすぐに水にとって冷ます。水に2時間ほどさらして酸味を抜く。

冷凍保存や常温長期保存する場合

1 ごんぱちを約60℃の湯にさっと（約20秒）通し、熱いうちに手で皮をむく（「下処理」の1と同じ）。
2 桶に並べてごんぱちの13〜15％の塩をふり、ごんぱちと同重量程度の重しをする。一晩おくと水があがって苦味などのアクが抜ける。
3 ぺちゃんこになったごんぱちをとり出し、保存袋に入れて冷凍する。
4 常温で保存するときは、塩で固めるように、大量の塩をまぶして塩漬けにする。保存中、塩が溶けてきたら新しい塩を加えて漬け直す。使うときは洗って塩を落とし、水をとり替えながら半日ほど塩出しする。

◎塩漬けする場合は塩をけちらず、雪が積もったようにどっさり使うのがコツ。

〈岡山県〉

滝みずなの炒め物

新庄村《しんじょうそん》は県の北西端に位置し、鳥取県と境を接する村です。かつては出雲街道の本陣・宿場町として栄えました。日常の食事は山の幸が主体で、春の山菜はふきのとう、わらび、いたどり、こごみ、こしあぶら、たらの芽に加えて滝みずな（ウワバミソウ）などが浅漬け、和え物、天ぷら、煮物などで食卓に上りました。

滝みずなは渓流に自生し、初夏から初秋にかけて葉を除いた茎の部分を食べます。くせのない味とシャキシャキとした食感が特徴で、ゆでると鮮やかな緑色になり、つけ合わせにも重宝します。酢の物にするとピンクに発色し、さっとゆでたみょうがを加えると、夏にさわやかな酢の物ができます。根元の部分はたたくと粘りが出てきます。「とろろ」にしてかつお節やのりで風味を加えると、よいご飯の供、あるいは酒肴になります。

秋になると茎はかたくなりますが、プチプチとした実をつけるので、これも醤油漬けにします。実自体には味はなく、シャキッとした食感のあとに粘りけが出てきます。

協力＝髙島秀子　著作委員＝人見哲子

撮影／長野陽一

＜材料＞ 4人分

滝みずな（ウワバミソウ）…200g
うす口醤油…大さじ2
塩…少々
砂糖…大さじ1
みりん…大さじ2
ごま油…大さじ1
ちりめんじゃこ…適量

滝みずな。上は成長して実がついたもの。下は若いやわらかい状態

＜つくり方＞

1 滝みずなの葉をむしり茎だけにする。葉をむしりとるとき一緒に皮をとる。
2 1%程度の塩（分量外）を入れた湯に1を入れ、再沸騰後1分ゆで、すぐ水にとって冷ます（写真①）。
3 3cm程度の長さに切る。
4 フライパンにごま油を熱し3とちりめんじゃこを入れて炒め、調味料を回し入れ、さらに炒めて味を調える。

滝みずなの酢の物。ゆでて三杯酢で和えたもの。みょうがを添える

滝みずなの根元のたたき。かたい根元はゆでてたたくと粘りが出る。かつお節とのり、醤油をかける

〈鳥取県〉

山菜塩漬けの煮物

大山《だいせん》山麓は、冬は降雪量が多く野菜などがとれないため、春から秋にとれた野菜や山菜は干したり塩漬けにしたりして保存する習慣がありました。当時はこの保存した山菜を使った煮物はごちそうでした。煮物以外に、郷土食の「大山おこわ」の具としても利用されます。煮物に入れるこんにゃくは自家製で、畑で栽培したいもを使ってつくりました。今も手づくりされており、こんにゃくは道の駅や直売所で販売しています。

いっぽうで同じ大山町でも、大山のすそ野は日本海に面しており、稲作もさかんです。海でとれた新鮮な魚介類や海藻類が手に入るほか、川でとれる鯉、たにし、どじょうなどが、食材として重宝されていました。このように同じ町内でも、山側と海側では生活文化が異なっていました。

昔は塩が貴重だったせいか、わらびやぜんまいなどは干して保存し、川の水で戻していたそうです。塩漬けして保存するようになったのは1950～60年代になってからです。

協力＝山根令子、荒金恵美子
著作委員＝松島文子、板倉一枝

＜材料＞ 4人分

わらび*…200g
たけのこ*…250g
こんにゃく…250g
調味液**
- だし汁（かつお節）…3カップ
- 醤油…大さじ3
- 塩…小さじ1弱（5g）
- 酒…大さじ1
- 砂糖…大さじ2強（20g）
- みりん…大さじ2

*塩漬けにしたものを塩出しする。

**わらび、たけのこ、こんにゃくはそれぞれ調味液で煮るので、3倍量用意する。

＜つくり方＞

1 わらびは長いまま3～4本まとめてひと結びにする。たけのこは食べやすい大きさに切る。こんにゃくも食べやすい大きさに切り、沸騰した湯でゆでてアクを抜く。
2 素材の色や持ち味を残すために別々に煮る。たけのこ、こんにゃくは、それぞれ調味液に入れて煮立て、汁けが少なくなるまで煮る。わらびは調味液に入れて加熱し、沸騰直前に火から下ろし、そのまま数時間から一晩おく。
3 器に盛り合わせる。

わらびの塩漬け

＜材料＞

わらび…2kg
塩…500g

＜つくり方＞

1 容器の底に塩をしき、わらびの切り口をそろえて5cm程度の厚さに並べ、その上に塩をふる。次にわらびを逆方向にして並べ、塩をふり、わらびと塩を交互に漬けこんで最後に塩をふる。
2 容器の縁から100mℓの差し水（分量外）をしたら押し蓋をし、2～3kgの重しをのせる。
3 2～3日して水があがったら、わらびが塩水に浸る程度に重しを軽くして、容器をラップなどでおおい、冷暗所に保存する。

＜塩出しの仕方＞

鍋に塩漬けしたわらびを入れ、水をたっぷり加えて火にかけ、65℃くらいの温度になったら火を止めて、流水に3～4時間さらす。

◎かつお節や三杯酢をかけたり、煮つけたりして食べる。

たけのこの塩漬け

＜材料＞

たけのこ…1kg
塩…2kg

＜つくり方＞

1 たけのこは皮をとり、さっとゆでる。縦半分に切り、水をきる。
2 たけのこの切り口を上にして桶の中に入れ、材料の塩の一部を軽くふり、上から重しをする。
3 漬けて4～5日たったら桶から出して水をきる。
4 たけのこの切り口を下にして、残りの塩で白くなるほどぎゅっと埋める。中蓋をして本漬けにする。そのまま重しをせずに保存する。

◎使うときは水で塩出しする。

撮影／五十嵐公

〈徳島県〉

くさぎとじゃがいもの炊き物

くさぎの若葉「くさぎ菜」をじゃがいもにのせてだし汁を加え、砂糖と醤油で炊いた煮物です。くさぎはシソ科の落葉小高木で那賀町周辺では山や畑などいたるところに生えています。ここでは昔から茶摘みの時期になると手のひらぐらいになった若葉を摘んで保存する習慣があります。くさぎはアクが強く苦味が強いため、昔はとったらすぐに湯がき、川の水に1日さらしてから乾燥させて保存していました。

じゃがいもと甘辛く炊くと、ほろりと苦いくさぎ菜によってじゃがいもがより甘くおいしく感じられます。くせになる味で、食べたくなるとその都度保存しておいたくさぎ菜を戻してつくりました。くさぎ菜は、他にも砂糖と醤油で煮て卵でとじたり、油で軽く炒めてからご飯に混ぜてくさぎ菜飯にしたりとさまざまに利用しました。那賀町は山深く、今とは違い何でも手に入る場所ではなかったですが、地域にあるものを工夫しておいしく食べる知恵がありました。

協力＝田中幸子、野村恵子、井本昭世
著作委員＝金丸芳

撮影／長野陽一

＜材料＞4人分

ゆでたくさぎ菜（冷凍）*…120g
じゃがいも…2個（300g）
ザラメ…大さじ1/2（7g）
うす口醤油…大さじ1
だし汁（いりこ、干し椎茸、昆布）
…2と1/2カップ
油…小さじ1

*若葉を炭酸（重曹）を入れたお湯で30分〜1時間ゆがき、一晩流水にさらしてから水けをしぼって冷凍したもの。

夏のくさぎの枝。食用にするのは春のやわらかい若葉

＜つくり方＞

1 冷凍のくさぎ菜は自然解凍し、油で炒める。
2 じゃがいもは皮をむき、8等分に切る。
3 鍋にじゃがいもを敷き詰め、その上に炒めたくさぎ菜を、じゃがいもをおおうようにのせる。
4 だし汁を入れて火にかけ、煮立ったらザラメと醤油を入れて煮こむ。いもとくさぎ菜は混ぜず、くさぎ菜を上にのせたまま煮る。
5 じゃがいもがやわらかくなり、味がしみたらできあがり。

〈高知県〉

浜あざみの天ぷら

撮影／長野陽一

＜材料＞ 4人分

浜あざみ…28本
小麦粉…大さじ4
衣
- 卵黄…1個
- 水…1カップ
- 小麦粉…100g

揚げ油…適量
塩、天つゆ…適量

浜あざみ。かたい葉をこそげて除き、白い茎や薄い赤紫色の根を食べる。写真のものは葉がまだやわらかいので、葉も食べられる

＜つくり方＞

1. 浜あざみは葉をこそげとり、全体に小麦粉をまぶす。葉がやわらかいときはこそげなくてよい。
2. 卵黄を水で溶き、小麦粉を加え、練らないように混ぜて衣をつくる。
3. 1本ずつ衣をつけ、170℃の油でカラッと揚げる。根のかたいところは少し時間をかけて揚げる。
4. そのまま、あるいは塩や天つゆをつけて食べる。

◎衣に氷を1かけ入れておくと、カラッと揚がりやすい。氷が溶けたら小麦粉をふり入れ、混ぜずに粉と衣をつけて揚げる。

県東部の室戸では、1月から2月に磯に行くと、あざみのようなギザギザした小さい葉を石の間に見つけることができます。小石をよけながら掘ると、白い茎と薄い赤紫色や白っぽい色をした長い根が現れます。これが浜あざみで、揚げるとほのかな苦味とごぼうに似た風味が広がり、シャキシャキとした食感でとてもおいしいです。室戸では春を告げる味として大変珍重されてきました。

緑の葉が見え始めた頃にとると葉はやわらかくて食べやすく、根の部分も香りが強くて味がよいです。地元の人たちは、1月の芽が伸び始める時期に海岸にとりに訪れますが、最近は砂地の減少などもあり量が少なく、栽培ものが販売されています。また、温暖化の影響で早春の浜あざみが冬のものになりつつありますが、室戸の人たちにとっては大切な味です。他の地域に住んでいる室戸出身の人は、海岸で自生していたものを庭で育て、室戸の早春の味を懐かしんでいるそうです。

協力＝中野倶子、岡林美保、植田壮一郎
著作委員＝五藤泰子、小西文子

〈高知県〉

いたどりの炒め煮

高知県人にとって春の山菜として欠かせないのが、いたどりです。いたづり、いたずりともいいます。酸味を抜いて調理するとコリコリとした食感がなんともいえずおいしく、初めて食べた県外の人は、いたどりがこんなにおいしいとは知らなかったと、みなさん一様に驚きます。

県北部、四国山地の中央部にある大豊《おおとよ》町では、北向きの山は4月中旬から下旬が収穫時期です。山菜とりをする山は年に2回、草刈りなどの手入れをします。ポンポンと折りながらとるとまたたくまに一抱えほどになるので、皮をむき、下処理をしてからすぐに食べない分は塩をして冷凍保存します。こうすると1～2年は味が変わらずおいしく食べられるそうです。また、いたどりの酸味を生かし、皮をむき生のまま小さく切って白めしに混ぜて春を味わう人もいます。子どもの頃におやつ代わりにした人は、塩をつけてかじるとシャキシャキとした食感と水分と酸味で元気になったそうです。

協力＝長野永子、小笠原知恵、小松利子
著作委員＝小西文子、五藤泰子

＜材料＞ 4人分

いたどり（冷凍を解凍したものか、生を下処理したもの）…200g
油…大さじ1弱
だし汁（昆布と、煮干しかアジじゃこ）…1カップ
砂糖…大さじ2
醤油…大さじ1

＜つくり方＞

1 いたどりは4cm長さの斜め切りにする。
2 油でさっと炒め、だし汁と砂糖、醤油を加えてひと煮立ちさせて火を止める。しばらくおいて味を含ませる。

◎ごま油で炒めたり、かつお節やごまをふりかける人もいる。

中指と薬指の間に茎をはさみ、向こう側にポキッと折ると、ポンと音がする。30～50cmに伸び、穂先が広がっていないものをとる

いたどりの下処理

1 穂先を切り落とし、約80℃の湯に20秒ほどつける（写真①、②）。
2 根元の太い方から皮をむく（写真③）。
3 塩を軽くふり、しんなりしたら水で洗う（アクと酸味が抜ける）。あるいは、沸騰した湯にさっとくぐらせ、水にさらす。ときどき水を替える。

◎いたどりの皮は熱を加えるとむきやすくなるが、お湯の温度が高すぎると茎が溶けてドロドロになったり酸味が増す。日光に軽く当てる人や、そのままむく人もいる。

いたどりの冷凍保存

1 「下処理」の1と同じ。
2 「下処理」の2と同じ。
3 塩を軽くふってポリ袋に入れ（写真④）、上から重しをして10分以上おく。
4 水が出てしんなりしたら、この水を捨て、いたどりと同量の塩を混ぜ、空気を抜いて冷凍する（写真⑤）。
5 使うときは水につけて解凍し、ぶつ切りか斜め切りにして塩出しする（写真⑥）。酸味と塩味が抜けたらザルにあげる。

◎斜めに切ると早く抜ける。

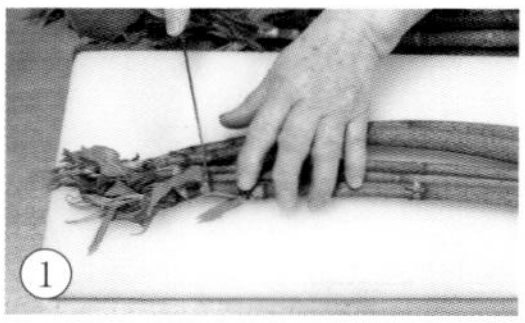

撮影／長野陽一

〈宮崎県〉

くさぎ菜の油炒め

くさぎ菜は「くさぎ（臭木）」の若葉で、その名前は葉や枝の臭気からついたといわれています。独特の臭みと苦味があり、臭みはゆでると少なくなります。ほろ苦さがおいしく、県内の郷土料理の本によると、油炒めは椎葉村《しいばそん》、西米良村《にしめらそん》、旧北方町、日南市などで食べられ、乾燥くさぎ菜は各地で利用されてきました。

聞き書きをした国富町の家庭では、子どもの頃から春になると母親と摘みに山に出かけたそうです。若葉はすぐに大きくなるので摘める時期が短く、年によっては雨が多くて干せないこともあるとのこと。戻して油炒めにしたり、こさん竹の味噌汁に入れてもおいしいそうです。

日南市では4月の新芽をさっとゆがいて食べたそうです。重曹を入れてゆで、揚げを入れて油炒めにしたり、ゆでずに塩でもみ、水にさらしてから味噌汁に入れる家庭もありました。くさぎの木の中の空洞にいる「くさぎの虫」（コウモリガなどの幼虫）は、疳《かん》の虫下しに使いました。

協力＝笹森和子、金丸レイ子、今村好子、矢越ミノリ　著作委員＝篠原久枝

撮影／高木あつ子

＜材料＞ 4人分

乾燥くさぎ菜…50g
ちりめんじゃこ…40g
白ごま…大さじ1
砂糖…大さじ1
酒…大さじ1
醤油…大さじ2
油…大さじ1

乾燥くさぎ菜。半日戻すと約7倍になる

＜つくり方＞

1. 鍋にお湯を沸かして火を止め、乾燥くさぎ菜を入れて蓋をして一晩おく。
2. 翌日ザルにあげ、軽く水けをしぼる。あまり強くしぼらない。
3. フライパンに油をひき、ちりめんじゃこを軽く炒める。
4. **2**のくさぎ菜を加え、水分がなくなり、指先でつまみ、葉のつけ根の部分がやわらかくなるまで炒める。
5. 砂糖を加えて軽く炒め、砂糖がまだ残っているうちに酒を加えてさらに炒める。
6. 醤油を回し入れて炒め、仕上げに白ごまを加えてひと混ぜする。

くさぎ菜は花が咲く前の3cm程度の若葉を摘む。熱湯で10分ほどゆでてしぼり、しょうけ（ザル）に広げて3日ほど天日で乾燥させる。下ゆで後、冷凍保存する家庭もある

まだまだある
山野草を使った料理

この本では、20種以上の山野草が
食材として登場しますが、
日本各地にはまだいろいろな山野草があり、
その土地ごとに食べられています。

撮影／長野陽一（タチアザミ、飯豊あざみとにしんの煮物、つくしの佃煮）、
五十嵐公（えらの油炒め、山うどとなめこの酢の物）、小倉隆人（ミヤマイラクサ）

タチアザミ（飯豊《いいで》あざみ）

キク科アザミ属の多年草。沢や湿地に群生。山形県小国町小玉川地区では、雪どけ頃の芽と30cm程度に成長したものを食用にする。塩漬けにもして一年中利用。他のあざみより香りや歯ざわりがよい。

飯豊あざみとにしんの煮物（山形県）。身欠きにしん、さつま揚げ、椎茸と炒め煮したもの

ミヤマイラクサ（あいこ、えら）

イラクサ科の多年草。4～5月、20cmほどの若い芽を根元からとる。山地の急斜面や沢沿いの湿ったところに群生。トゲがあるが、ゆでると気にならない。おひたしなどにする。

えらの油炒め（栃木県）。塩漬けのえらを戻し、甘辛い炒め煮にする

ウド

ウコギ科の多年草。4～7月に若い芽や葉をとる。山すその日当たりのいい斜面に自生。生のままでも食べられ、炒め物や天ぷらにしてもよい。

山うどとなめこの酢の物（栃木県）。塩漬けの山うどとなめこを戻し、甘酢で和える

ツクシ

トクサ科の多年生シダ。3～5月に出てくるスギナの胞子茎。胞子を飛ばす前のものをとる。日当たりのよい山野、道ばたなどに自生。おひたしや酢の物などにする。

つくしの佃煮（東京都）。ハカマを除き、さっと塩水でゆでて酒や醤油、だし汁で煮る

協力／伊藤幸治、神保道子（山形県）、山口久子（栃木県）、飯塚美和子（東京都）　著作委員／齋藤寛子（山形県）、藤田睦、名倉秀子（栃木県）、伊藤美穂（東京都）

わけぎ・葉物

春になると、各地でわけぎやのびるを酢味噌や辛子酢味噌で食べます。同じ頃に旬を迎える貝類と和えるのが季節の味。春先には菜の花、高菜、わさびの葉や茎、明日葉、ちしゃ、夏にはしそ、金時草など地域で親しまれてきた葉物がおいしくなってきます。

〈宮城県〉

はたまの酢味噌和え

名取市をはじめ、仙南・亘理《わたり》平野周辺の春祭りのごちそうに欠かせない一品です。「はたま」とは葉玉ねぎのこと。晩秋に小さな玉ねぎを畑に植えておくと翌春に玉ねぎの芽から葉が長く伸びてくるので、この葉とりん茎(球根のようなふくらんだ部分)を利用します。ハウス栽培がなかった頃は、春の野菜が少なかったので重宝しました。普通の玉ねぎに比べりん茎が小さく葉もやわらかいのでさっとゆがくだけで食べられます。葉の部分は肉厚の長ねぎのようなしゃきしゃきした食感で、りん茎はみずみずしくぬるっとした食感。玉ねぎの香りと甘味もあり、酢味噌の酸味がよく合います。

春に行なわれる名取市の雷神山《らいじんやま》古墳祭りや館腰《たてこし》神社の祭りでは、赤飯、吸いもの、焼きかれい、天ぷら、おひたし、はたまの酢味噌和え、寒天が出ました。最近では春祭り以外でつくることが少なくなりましたが、以前は自家製味噌で酢味噌をつくり、普段からよく食べていました。

協力＝南部ひろみ
著作委員＝高澤まき子、矢島由佳

撮影／高木あつ子

<材料>4人分

はたま(葉玉ねぎ)…200g
赤味噌…20g
砂糖…10g
酢…大さじ1

はたま。味噌汁や油炒め、煮物などにして食べてもおいしい

<つくり方>

1 はたまは洗って熱湯でさっとゆで、3cm長さに切り、りん茎はさらに縦4つ割りにして水けをきっておく。
2 すり鉢で味噌、砂糖をよくすり混ぜ、酢を加えて酢味噌をつくる。
3 はたまを器に盛り酢味噌をかける。好みで白ごまをふってもよい。

〈神奈川県〉

ねぎぬた

伊勢原市のある県中央部は温暖な気候で、豊かな平野が広がる農業のさかんな地域です。中でも小《こ》稲葉《いなば》は稲作がさかんで、春の氏神様の祭りには卵でご飯を巻く太巻きずしをつくり、親戚や来客をもてなしました。このとき太巻きずしとともに祭りのお重に欠かせないのが、落花生を和え衣に使ったねぎぬたです。ねぎぬたは年中つくる料理で、普段は太いねぎを2〜3本使い、いかやまぐろのぶつを入れ、酢味噌で和えますが、祭りのときは旬のわけぎと落花生でつくります。地元の人にとって、祭りの思い出の味だそうです。

わけぎはゆでずに蒸すと、色がきれいに出て、食感もやわらかく味がよくなります。炒りたての香ばしい落花生で和えると、落花生の濃厚な味と砂糖の甘味があとを引き、いくらでも食べられそうです。落花生は粒が残っていた方が、食感もよく落花生のおいしさを味わえるので、あえて粒を残してつくっています。

協力＝柏木菊江、青木房江、大森ノリ子
著作委員＝増田真祐美

撮影／五十嵐公

<材料> 4人分

わけぎ、または長ねぎ…650g
落花生（炒っていない乾燥落花生）…150g
砂糖…大さじ4
酢…大さじ2

<つくり方>

1 落花生を弱火で約5分、少しカラカラになるまで炒る。
2 薄皮をとりすり鉢に入れ、すりこぎでつぶしてから、粗くする。
3 ねぎを蒸し器の大きさに合わせて切り、5〜6分、少しくたっとなるまで蒸す。冷めたら3〜4cmの長さに切る。
4 2に砂糖、酢を入れ、ねぎを加えて混ぜ合わせる。

撮影／長野陽一

＜材料＞ 4人分

セタシジミのむき身（身シジミ）…100g
酒…大さじ1と1/3
砂糖…小さじ2
醤油…大さじ1と1/3
わけぎ…200g

- 白味噌…50g
- 砂糖…大さじ2
- みりん…大さじ1
- 酢…大さじ1

セタシジミ。日本各地に生息するマシジミに比べ、甲（殻の縦の長さ）が高く、大きさが1.3倍ほどある。旨みが深い

＜つくり方＞

1 鍋に身シジミと酒を入れ、混ぜながら炒り煮する。
2 砂糖と醤油を加えて、煮汁がなくなるまで弱火で煮る。
3 わけぎをゆで、ザルにあげて水けをきる。長さ2cmほどに切る。
4 すり鉢に白味噌、砂糖、みりんを入れて混ぜ、酢でのばす（酢味噌）。
5 しじみとわけぎを混ぜて、4の酢味噌で和える。

〈滋賀県〉

しじみとわけぎのぬた

琵琶湖にすむ固有種のセタシジミを使ったぬたです。セタシジミはマシジミに比べ大きくて旨みが強いのが特徴。春先からおいしいセタシジミがとれ始めるので、たっぷりの身しじみ（ゆでて殻からはずしたもの）とみずみずしいわけぎやねぎを合わせて酢味噌で和え、春祭りなどのごちそうにしました。

近年ではセタシジミの水揚げが減ってきましたが、滋賀県の代表的な食材として古くから親しまれており、殻つきのものはしじみ汁に、身しじみはぬたのほか、しじみ飯や大豆と一緒に炊いたしじみ豆、煮つけや和え物にとさまざまな料理に使われます。

セタシジミが出荷されるのはおもに大津や京都で、かつては瀬田からしじみを担いで行商していました。この頃、野洲や近江八幡、沖島、瀬田川周辺の漁師たちは、セタシジミの漁だけで暮らしていけるほどで、沖島の湖岸にはしじみ小屋が立ち並び、大釜でしじみをゆでてむいたあとの殻で湖岸が埋まっていたといいます。

協力＝西居悟、宮下はな
著作委員＝堀越昌子

〈広島県〉

たことわけぎのぬた

広島県はわけぎ生産量が全国一で、尾道市と三原市の沿岸部と島しょ部を中心に栽培されています。瀬戸内海のやや東部寄りに位置するこの地域は、温暖な気候に恵まれ、冬でも葉先が枯れないやわらかいわけぎが収穫できます。栽培の歴史は古く、明治末期には京阪神方面へ出荷されていたそうです。株分かれによりたくさんの球根が育つことから、子孫繁栄の縁起物とされてきました。

刺激が少なく独特の香りと甘味をもつわけぎは、春から初夏にかけては家庭でも育てていました。瀬戸内でとれるたこや、あさり、まて貝などの貝類と酢味噌で和えて日常の食とし、新鮮な魚介類がないときは、かまぼこや油揚げを入れました。

ぬたに入れるたこは、真だこを使う人もいれば、春から初夏が旬の手長だこがよいという人もいます。真だこよりやや小ぶりな手長だこは足がやわらかく比較的安価ですが、泥の中に生息しているので苦手という人もいるようです。

協力＝頼育代、新田純子
著作委員＝石井香代子、山口享子

撮影／高木あつ子

＜材料＞ 4人分

わけぎ…200g
ゆでダコ（真ダコや手長ダコ）…80g
A ┌白味噌…大さじ2強（40g）
　│砂糖…大さじ1強（10g）
　└酢…大さじ1と1/3（20g）
白ごま…大さじ1（8g）
練り辛子…好みで少量

＜つくり方＞

1 わけぎは青い部分と白い部分に分け、それぞれ2〜3cmの長さに切る。
2 熱湯に白い部分を先に入れ、青い部分も加えてゆでる。
3 ゆで上がったらザルにとり、冷ます。
4 ゆでダコをひと口大にそぎ切りにする。
5 すり鉢で白ごまをよくすり、Aと辛子を加えてよく混ぜ合わせ、わけぎとタコを和える。器に盛り、好みで白ごまをふる。

◎わけぎは切ってからゆでてザルにあげておくと、切り口から自然にぬめりが出る。

撮影／高木あつ子

＜材料＞ 4人分

わけぎ…1束（180g）
マテ貝*（むき身）…150g
酒…大さじ2
塩…ひとつまみ
だし汁…小さじ1
醤油…小さじ1/5
みりん…小さじ1/5
辛子酢味噌
- 白味噌…75g
- 練り辛子…小さじ1/3
- 酢…大さじ3
- 砂糖…30g

木の芽…少々

*二枚貝綱マテガイ科の二枚貝。殻をとり、中のムキ身を使う。

＜つくり方＞

1 わけぎは洗い、白い根元と青い部分に分け、どちらも3cmほどの長さに切る。
2 沸騰した湯に白い根元を入れ、次いで青い部分を入れてゆで、ザルにとって冷ます。
3 マテ貝は塩もみしたあと、包丁で縦に切れ目を入れ、内臓をとり除き、熱湯をかけて臭みをとる。
4 3を鍋に入れて火にかけ、酒、塩、だし汁、醤油、みりんを加えて煮る。
5 すり鉢に白味噌、練り辛子、酢、砂糖を入れてよくすり混ぜ、マテ貝とわけぎを和える。器に盛り、木の芽を散らす。

〈香川県〉

わけぎ和え

昔からわけぎは春の野菜として栽培されています。秋のお彼岸の頃に植えると、秋祭りの頃に芽を出します。冬を越し、ひな祭りの頃になると緑色が増します。これを和え物にして旬の味を楽しみます。現在では、1年のうち2回収穫しているところもあるようです。

わけぎは緑の部分と白い部分では火の通りが違うので、白い部分はいくぶん長めにゆでます。和え衣に使う白味噌は、香川県の正月の雑煮にも使われる塩分濃度の低い、讃岐の白味噌です。

わけぎ和えは、1月から4月頃につくられる日常的な料理で、県全体で食べられています。具に使われるまて貝も春が旬です。砂地に生育しており、塩分の濃度に敏感なので、砂地の穴に塩を入れて上がってきたところをつかまえます。和える材料にはまて貝のほか、あさりやたこなど、地域ごとに季節にあった食材を使います。さぬき市では、ひな祭りになると、まて貝、焼いた油揚げを入れたわけぎ和えをつくっているそうです。

著作委員＝加藤みゆき、川染節江

ぬた
〈愛媛県〉

わけぎに魚介類を組み合わせた酢味噌和えです。わけぎととり貝や瀬戸貝（イガイ）が出回る季節になると当たり前のようにつくっていました。ひな祭りにも、ごちそうの一つとして必ずつくられ、巻きずし、あさりと豆腐の汁、つくしの卵とじ、おはぎなどと並びます。地元の方はぬたをつくると、昔のひな祭りを思い出すといいます。つくしをとってはかまをはずすのは子どもの役割で、おはぎも丸めるのを手伝ったそうです。

瀬戸内海に面した、松山市北東部（旧北条市）、今治市から旧川之江市の東予にかけてとり貝が、また島しょ部では瀬戸貝がとれました。今はゆでたものが多いですが、当時この地域では新鮮な生のものが出回っていたため、これを炒り煮にしました。炒り煮にした貝の独特のコクがわけぎとよく合うのです。ただ、とり貝も埋め立てなどで海底の地質が変わってとれなくなり、瀬戸貝も漁獲量のピークは1983年。最近はどちらも生では入手困難になっています。

協力＝高木敏江
著作委員＝武田珠美

撮影／五十嵐公

＜材料＞4〜5人分

- わけぎ…300g
- 酒…大さじ2

- とり貝…100g
- 酒…大さじ1

酢味噌
- 白味噌（または麦味噌）…50g
- 砂糖…大さじ2強（20g）
- 酢…大さじ1/2（7.5mℓ）

＜つくり方＞

1 わけぎを2〜3cmの長さに切り、白い部分と青い部分に分けておく。白い部分が太い場合は縦に切る。
2 フライパンにわけぎの白い部分を酒大さじ2を入れて火にかけ、沸騰したら青い部分を入れて炒り煮する（写真①）。ザルにとってうちわであおいで素早く冷ます。
3 フライパンにとり貝と酒大さじ1を入れて2と同様に炒り煮する。
4 調味料を合わせて酢味噌をつくり、わけぎととり貝を和える。

◎わけぎもとり貝も、それぞれ少量の酒で鍋に汁が残らないように炒り煮して、旨みをのがさないのがコツ。

とり貝を瀬戸貝（イガイ）に代えてつくったぬた。瀬戸貝は大型の二枚貝でムール貝に似ている

撮影／戸倉江里

＜材料＞3人分

ひともじ*…120g（8〜10本ほど）
酢味噌
- 白味噌…大さじ1と2/3
- 酢…大さじ2/3
- 砂糖…大さじ2/3強（7g）

*わけぎの一種。りん茎のふくらみが大きいのが特徴。

＜つくり方＞

1. ひともじは根と先端部分を切り落とし、輪ゴム等で束ねる。
2. 沸騰したお湯に塩（分量外）を入れ、りん茎から先に入れてゆで、そのあと葉をさっとゆでる。芯のかたさが残る程度がよい。
3. 冷水にさらし、水けをしぼる。
4. まな板に**3**を置いて包丁の背でりん茎から葉先にむかって軽くしごき、中のぬめりと水分を出す。
5. りん茎から3cm上を二つに折り、白い部分を芯にして青い葉の部分をぐるぐると巻きつける。
6. 酢味噌をつくって添える。

〈熊本県〉

ひともじのぐるぐる

ひともじは、わけぎの一種で春が旬の野菜です。ねぎに比べてりん茎（根元の白い部分のふくらみ）が大きく、葉が細くやわらかくて甘味が強いのが特徴です。名前の由来は、小さなねぎを「葱《き》」と一文字で読んでいたから、生えている形が「人」の文字に似ているからなど諸説あります。

ひともじのぐるぐるは、ゆでたひともじのりん茎を軸にし、葉をぐるぐると巻きつけてつくります。熊本藩第6代藩主細川重賢《しげかた》の時代に倹約令が出された折、安くておいしい酒の肴として考案されたといわれています。食べると歯ごたえがあり、噛むほどにひともじの甘味と香りを感じられます。ひともじはこの料理に使う他、小ねぎのように薬味にも使えるので重宝する野菜で、熊本の各家庭では今でも初秋になると畑や庭先などにひともじを植えつけます。桃の節句や客向きのときには、これにウバガイやあさりなどの貝を添えて出します。酢味噌にゆずや山椒、辛子を加えたり、梅味噌にしてもおいしく食べられます。

著作委員＝小林康子

〈佐賀県〉

のびるのぐるぐる巻き

のびるはネギ属の野草で食べられますが、農産物としてはほとんど流通していません。戦時中の食料不足の際は山菜として貴重な食料でした。特有の辛味や香りがあり、そのまま食べると風味が強すぎるため、酢味噌和えや天ぷらにして風味を和らげて食べることが多いようです。

のびるのぐるぐる巻きは、葉からりん茎までを丸ごと食べる、見た目にもかわいい料理です。昔から桃の節句に食べられてきたのは「立派な髪が伸びる（のびる）」にかけたといわれます。酢味噌だけで食べてもおいしいですが、うま味とコクの強い皮くじらを添えると、のびるの風味の強さとバランスがよく、ボリュームのある一品になります。

のびるをとりに行ったりもらったりしなければ、よく似たとくわか（わけぎ）で代用することも多いです。とりに行く場合は、似ていますが、食べると中毒症状を起こす水仙やスノーフレーク（スズランスイセン）などと混同しないよう、注意が必要です。

協力＝松本郁子、小柳悦子、原口恭子
著作委員＝萱島知子、副島順子、橋本由美子

＜材料＞10人分

のびる*…30本（1人3本）
皮クジラ（スライス）…50g
味噌…30g
砂糖…大さじ1と1/2
酢…小さじ1と1/2
練り辛子…小さじ1と1/2
*今はとくわか（わけぎ）を使うことが多い。

＜つくり方＞

1 のびるを洗い、白い球根（りん茎）の方から塩ゆでし、すぐに水にとり粗熱をとる。
2 のびるの根元を切り落とし（写真①）、下から3cm程度のところで折り曲げ、下から上にぐるぐる巻いていく（写真②～⑤）。巻き終わりは巻き目にはさむ（写真⑥）。
3 クジラをゆで、水で洗う。
4 味噌をすり鉢ですり、砂糖、酢、辛子を順に加えて酢味噌をつくる。
5 のびるにクジラをつけ合わせて、酢味噌を添える。

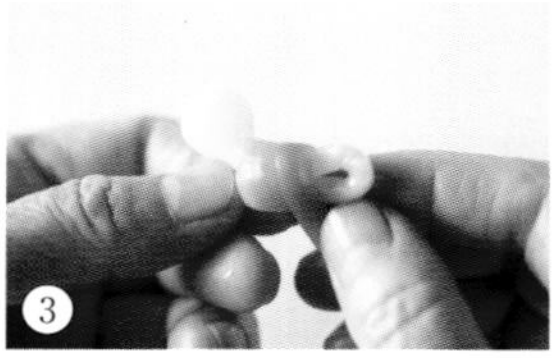

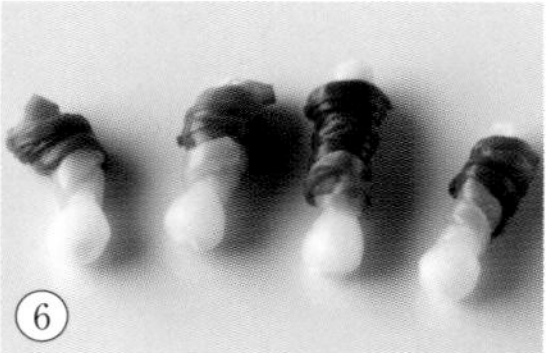

撮影／戸倉江里

〈福島県〉

しそ巻き

阿武隈《あぶくま》山系を中心に、浜通りや中通りなどで、毎年青じそが食べ頃になるとつくられる料理です。

飯舘《いいたて》村の農家では、自家製味噌に漬けた青唐辛子をおかずとして食べており、残った味噌床でしそ巻きをつくっていました。唐辛子を長く漬けていた味噌床は、うま味は落ちていますが、ほどよい辛みが移っており、ここに落花生やくるみ、ごまなどを加えることでコクが出るうえ、しそで巻いて油で揚げることで香ばしくさわやかな香りを楽しめます。村には「味噌と米があれば生きていける」という言い伝えがあるほど手づくり味噌を大切にしている地域で、しそ巻きにも残った味噌床を無駄にしない工夫がこめられていました。

夏場、農作業で疲れていてもしそ巻きがあることでご飯が進み、塩分も補給できます。短い夏の間に農作業をしなければならない村の人たちにとってなくてはならない料理で、今でも離れて住む親類や知人に届けるために一度に100本以上つくる人もいるそうです。

協力＝石井友子　著作委員＝津田和加子

＜材料＞4人分（12本）

味噌…大さじ3弱（50g）
砂糖…大さじ5〜5と1/2（45〜50g）
米粉（白玉粉など）…大さじ2/3強〜1強（7〜10g）
酒…小さじ1
落花生（またはくるみ、白ごま）…5〜7g
青じそ…12枚
揚げ油…適量

＜つくり方＞

1 青じそは洗って水けをふき（写真①）、軸を除く。
2 落花生はみじん切りにするか、すり鉢やフードプロセッサーを使ってペースト状にする。
3 厚手の鍋に、味噌と砂糖、米粉、酒を入れて全体がなじむように木べらで混ぜる。
4 **3**を弱火にかけ、鍋底を木べらでこするようにして、焦げないよう注意しながら混ぜる。
5 木べらが重たく感じ、全体がまとまってきたら火を止め、落花生を混ぜ入れる。
6 **5**をバットなどに移し、冷蔵庫で冷やす。
7 **6**が完全に冷めたら12等分にし、両手で筒状にする（写真②）。
8 青じそに**7**をのせ、クルクルと巻く（写真③）。
9 **8**を3個1組にし、ようじで刺す（写真④）。
10 フライパンに1〜2cmほどの油を注ぎ、160〜170℃で**9**を揚げる。途中で返し、葉の色が濃い緑色に変わる前にとり出す。

◎好みで、**5**で七味唐辛子を入れてもよい。
◎大量につくる場合や温度管理が難しいときは、ホットプレートを使って揚げ焼きにしてもよい。

撮影／長野陽一

〈千葉県〉
菜の花のごま和え

房総半島の南部に位置する南房総市は東京湾と太平洋に三方を囲まれています。沖合を流れる暖流の影響で冬も暖かく、正月過ぎ頃から菜の花が咲き始めます。まだ肌寒さが残る中、黄色い花を咲かせているのを見ると、ひと足早い春を感じるものです。菜の花は、ごま和えやおひたしでよく食べました。ごま和えは菜の花のほろ苦さと砂糖の甘さ、ごまの風味とコクで箸が進みます。

聞き書き協力者の家では、昔は菜種油をとるために菜の花をつくっていて、その頃は取引先から副産物の石けんが山ほど送られてきたそうです。そのあとは野菜として「菜の花（なばな）」をつくるようになり、年末に水仙の花の出荷作業で荒れた手が、年明けに菜の花を摘みとると、茎に含まれる油分でツルツルになったと父親が喜んでいたそうです。菜の花はつぼみで出荷するので、咲いてしまった花をとる作業は子どもも手伝いました。黄色い花びらがきれいだなと思いながら作業をしたそうです。

協力＝熱田恵子
著作委員＝梶谷節子、渡邊智子

撮影／高木あつ子

＜材料＞4人分

菜の花（なばな）…1束（200g）
黒ごま…大さじ2
砂糖…大さじ3
醤油…小さじ1/2

＜つくり方＞

1 菜の花は，約1ℓの熱湯で1分程度ゆでる。冷水にとって冷まし、ザルにとり手でしぼる。
2 **1**を3cm程度の長さに切る。
3 黒ごまは炒って香りを出し、すり鉢でする。砂糖、醤油を加え混ぜる。
4 **3**に**2**を加えて和える。

撮影／長野陽一

〈東京都〉

明日葉《あしたば》の天ぷら

明日葉は伊豆諸島に自生している日本原産のセリ科の植物です。新島《にいじま》や式根島《しきねじま》では栽培もされていますが島のいたるところに生えており、庭先でも見かけます。今日、葉を摘んでも明日にはまた葉が生える、といわれるほど生育が早く、島の貴重な青菜として、おひたしやごま和え、天ぷら、佃煮にしたり、刺身やフライの彩りなどに使われてきました。

ここでは市販の20㎝ほどの明日葉を切って使いましたが、天ぷらにして最もおいしいのはやわらかい新芽で、地元では春や秋、地面から出たばかりの長さ10㎝ほどのものを摘みます。セリ科独特の香りと苦味は、天ぷらにして油にくぐらせることで、アクが抜けておいしさに変わります。新芽はおひたしにも向きます。一方、佃煮には30㎝ほどに育った茎葉を使います。佃煮に新芽を使うと煮ているうちにとろけてしまうからで、少しかための葉の方が見た目よく仕上がります。大きい葉はかたくて食用には向かず、彩りなどに使います。

協力＝梅田喜久江、植松育

著作委員＝赤石記子、加藤和子

＜材料＞ 4人分

明日葉…1束

衣

- 小麦粉…120g
- 卵…1個
- 冷水…150mℓ

揚げ油…適量

天つゆ、塩…適量

＜つくり方＞

1 明日葉は洗って適当な大きさに切る。

2 卵に冷水を加えて溶き、ふるった小麦粉を大さじ2程度残して加えて軽く混ぜ、衣をつくる。

3 明日葉に**2**で残した小麦粉をつけてから衣にくぐらせ、150～160℃の油で色よく揚げる。

4 天つゆや塩をつけて食べる。

明日葉は島のいたるところに自生している。直射日光に当たると葉がごわごわするので、半日陰のものがおいしい

〈東京都〉

わさびの天ぷらと三杯酢漬け

東京都の約10分の1の面積を占める奥多摩町は、94％弱が山林です。沢には水温12℃前後の豊富な水が湧き、江戸時代から沢沿いに石を組んで、わさび栽培が行なわれてきました。自然がもたらした奥多摩わさびは辛みが強く、キレがよく風味も豊かで、将軍家にも献上されていました。

わさびといえばすりおろして使う根ですが、茎や葉もすべて利用でき、捨てるところがないといわれるほどです。昔はわさびのひげ根も加工業者が買いとり、粉わさびに入れていたそうです。葉は天ぷらにするとサクッと食感がよく、三つ葉葵の形もきれいです。根も茎も葉もすべて刻んで三杯酢漬けにしておくと、いつでもわさびのおいしさを味わえます。

奥多摩町のわさび田は2019年の台風で甚大な被害を受けましたが、復興へ向けた活動が始まり、小中学生から新しい料理を募集したり、次世代への継承をめざした活動も行なわれています。

協力＝大串久美子、望田千恵子
著作委員＝大久保洋子、香西みどり

わさびの天ぷら

＜材料＞ 3〜4人分

わさびの葉…15〜20枚
衣
- 小麦粉…1/2カップ
- 水…1/2カップ

揚げ油…適量
塩…適量

＜つくり方＞

1 わさびの葉をよく洗い、水けをしっかりふきとる。
2 小麦粉と水を混ぜて天ぷら衣をつくる。
3 揚げ油を160〜170℃に温める。
4 わさびの葉の片面に衣をつけて、カラッと揚げる。
5 塩をつけて食べる。

わさびの三杯酢漬け

＜材料＞ つくりやすい分量

わさびの根、茎（細め）、葉（小さいもの）、花…1kg
塩…40g
A
- 醤油…130mℓ
- 酒…130mℓ
- 酢…30mℓ
- 砂糖…200g

◎夏は茎が太くなり、かたくなるのでつくらない。

早春の花わさびでつくる三杯酢漬けは春限定の味

＜つくり方＞

1 わさびをきれいに洗い、2〜3cmの長さに切る。
2 塩をまぶし、青汁が出るくらいまでよくもむ。塩をしたまま容器に入れ、蓋をして1〜2時間（できれば一晩）おく。
3 三杯酢をつくる。Aを小鍋に入れて火にかけ、鍋の周りに泡が出てきたら火を止めて冷ます。
4 休ませていたわさびに熱湯を回しかけ、40〜50秒おいて水で洗い、水けをよくしぼる。
5 3の三杯酢に漬ける。2日後が食べ頃で、つくって1週間はおいしく食べられる。

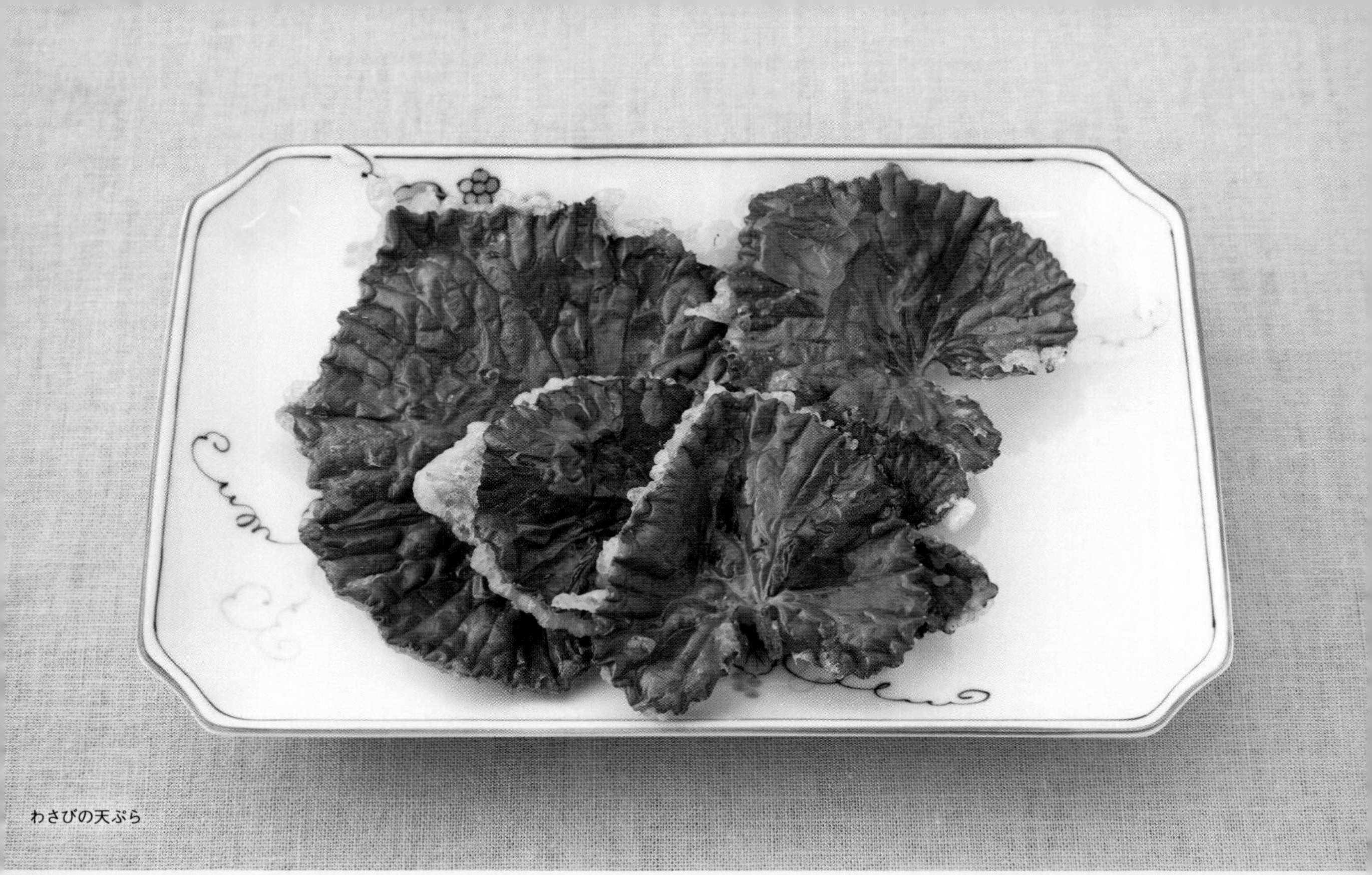

わさびの天ぷら

わさびの三杯酢漬け

撮影／長野陽一

てんばおくもじ

〈石川県〉

加賀地域の農村地帯でつくられてきた料理で、夏場に葉ものがないときに、青菜の塩漬けを塩抜きして煮干しを裂いて加えて煮ます。ピリ辛の赤唐辛子が味のアクセントになっています。古くなった漬物をリメイクする生活の知恵でもあります。

「てんば」とは地域の伝統野菜である「ふきたち(吹立菜)」のことです。ふきたちはアブラナ科の野菜で小松菜の兄弟種ですが、漬物にしても脇から芽を出すほど元気がある(おてんば)ということで「てんば菜」とも呼ばれるそうです。ハウスなどで栽培される最近のふきたちはかたいですが、昔、雪の中から掘り出したものは0℃に近い状態で熟成したからか、とてもやわらかかったといいます。「てんば漬け」は本来はふきたちの塩漬けですが、からし菜や小松菜の漬物もてんば漬けと呼ぶことがあります。

「おくもじ」は古い言葉で漬物のことを指すようです。県南部の白山市には、塩で一夜漬けした大根と大根の葉を煮た料理で「なべおくもじ」が伝わっています。

著作委員＝中村喜代美、新澤祥恵

撮影／長野陽一

＜材料＞4人分

てんば漬け*…250g(戻すと600g)

- 水…2カップ強
- 煮干し…5本

醤油…大さじ1と1/2
砂糖…小さじ1/2
赤唐辛子…2本
塩…少々(てんば菜の塩けが残っていないときに足す)

*ふきたち、またはからし菜の塩漬け。写真では小松菜のものを使用。

てんば漬け(塩抜きする前)

＜つくり方＞

1. てんば漬けは水洗いし、一度ゆでこぼす。塩けが少し残るくらいまで、流水に3〜4時間さらす。
2. 分量の水で煮干しだしをとる。煮干しはとっておく。
3. 1を食べやすい大きさに切り、水けをしぼって鍋に入れる。
4. だし汁と調味料、だし汁に使用した煮干しと輪切りの唐辛子を加え、弱火で煮汁がなくなるくらいまで煮て、味をしっかり含める。

〈石川県〉
金《きん》時《じ》草《そう》の酢の物

金時草は金沢が主産地で、15種が認定されている加賀野菜のひとつです。和名は「スイゼンジナ」といい、東南アジアが原産。時代は定かではありませんが、金沢の農家が熊本の水前寺菜を持ち帰り、自家用に栽培したのが始まりで、昭和25年頃からは金沢市場へ出荷されるようになりました。葉の表面は濃い緑色ですが裏面が「金時《きんとき》芋《いも》」に似た鮮やかな赤紫色をしているところから「金時草《きんじそう》」といわれるようになったそうです。北陸の気候と寒暖差、酸性の土壌が赤紫色の発色をよくするといわれています。

ゆでると独特のぬめりが出て、それでいてシャキシャキした歯ざわりや食感と美しい色が特徴です。夏に酢の物にして食べるのが最適です。この赤紫色はアントシアニンで、ちらしずしをつくる際、ゆでて刻んだ金時草を混ぜたすし酢をご飯にかけると鮮やかな赤紫色のすし飯ができます。天ぷらや和え物にもしますが、最近ではジャムやアイスクリーム、ゼリーなどにも利用されています。

著作委員＝川村昭子、中村喜代美

撮影／長野陽一

＜材料＞4人分

金時草…1束（8〜10本で200〜220g。葉のみは約半量100gになる）

合わせ酢
- 酢…大さじ2
- 砂糖…大さじ1
- 醤油…大さじ1
- 塩…小さじ1/2
- だし汁…大さじ1

しょうがまたはかつお節…少々

金時草

＜つくり方＞

1. 金時草は茎から葉を摘みとり、水洗いする。
2. たっぷりの湯でさっとゆでる。40〜50秒でよい。ゆですぎるとぬめりが失われ、風味を損なう。
3. 水にとり、4〜5cmに切る。
4. 水けをしぼり、器に盛る。
5. 合わせ酢をつくってかける。しょうが（針しょうがやおろししょうが）またはかつお節を天盛りにする。

〈広島県〉

ちしゃもみ

ちしゃもみは、広島県のほぼ全域でつくられる郷土料理のひとつです。ちしゃはアクが強く、一度塩で軽くもんでアクを出して調理することから、この名がつきました。

中国山地の中山間地域である北広島町の千代田地域は昔からちしゃ（かきちしゃ）の産地で、どこの家庭でも庭先に植えていて、調理も簡単でさっぱりしておいしいことから、春から夏はよく食べられていました。田植え作業のあとの泥落とし（お疲れ様会）には、きな粉むすびと一緒に用意する行事食のひとつでもありました。

ちしゃは下の葉から一枚ずつかいて（はがして）使います。包丁で切ると変色するため、新鮮なうちに食べやすい大きさに手でちぎります。これを塩でもみ、アクを出してから酢醤油か酢味噌で味をつけ、焼いた塩さばや、煮干しを炒って粉にしたものを混ぜます。海が遠く生魚が手に入りにくい時代、塩さばは貴重で、塩さばの入ったちしゃもみはごちそうでした。

協力＝梅木麗子、小田千里
著作委員＝政田圭子

＜材料＞ 4人分

- かきちしゃ…300g
- 塩…少々

塩サバ…80g
酢…大さじ2
砂糖…大さじ1
醤油…小さじ1

かきちしゃ。下から葉をかいて使う

撮影／高木あつ子

＜つくり方＞

1. ちしゃを水でよく洗い、食べやすい大きさにちぎる。
2. 塩でもみ、水洗いしてアクをとる。
3. 塩サバを焼いて身をほぐし、冷ます。
4. ボウルに酢、砂糖、醤油を合わせ、よくしぼった**2**と**3**を入れて和える。

広島市東区の矢賀地区では、赤色が特徴の矢賀ちしゃを使う。味つけは酢醤油で、炒った煮干しの粉を混ぜる

〈香川県〉

ちしゃもみ

ちしゃは香川県の伝統的な野菜です。1900年頃には周年栽培されていたという文献があるそうで、昔は多くの場所で栽培されていましたが、現在は入手が難しい貴重な野菜になっています。キク科の植物で、ちぢれが強く、非結球型の葉レタスに分類されています。特有の苦味があり、アクも強いため、サラダのような食べ方はできず、ちしゃもみのように酢味噌和えにしないと生では食べられなかったようです。ちしゃの代わりにサニーレタスが使われることがあり、このレシピもサニーレタスで代用しています。近年は昔ながらのちしゃが見直され、県内でもまた栽培されるようになってきました。

ちしゃもみは県全体でつくられていますが、いっしょに和えるものには、まて貝やいかなご、ちりめんじゃこなどがあり、地域によって異なります。東かがわ市やさぬき市、坂出市など瀬戸内海に面した地域では海産物が多く使われています。

協力者＝上玉啓子
著作委員＝加藤みゆき、川染節江

撮影／高木あつ子

＜材料＞ 4人分

ちしゃ（サニーレタス）…100g
油揚げ…1/2枚
ちりめんじゃこ…15g
酢味噌
- 白味噌…大さじ1と1/2
- 砂糖…大さじ1と1/2
- 酢…大さじ1と1/2
- 塩…少々

白すりごま…少々

＜つくり方＞

1. ちしゃはよく洗ってザルに上げる。
2. 白味噌、砂糖、酢、塩をすり鉢に入れて軽くする。
3. 油揚げは少し色がつくくらいに焼き、短冊切りにする。
4. ちしゃは食べやすい大きさに手でちぎる。
5. **2**の中に**3**、**4**とちりめんじゃこを入れて和える。盛りつけてから好みですりごまをふる。

〈佐賀県〉

高菜とくじらの煮しめ

高菜は春先に収穫し、多くは高菜漬けに加工されますが、この時期には生で食べることもあり、高菜とくじらの煮しめもそうした食べ方のひとつです。生の高菜は青々として食べごたえがあり、くじらのうま味や脂のコクで、もりもりと食べられます。

県西部の焼き物の町・有田は、捕鯨がさかんだった県北の唐津や長崎県の佐世保に近いことからさまざまな料理にくじらが使われました。本書でもたけのこの味噌炊き（p17）やのびるのぐるぐる巻き（p60）で使われ、他にも雑煮や汁もの、和え物などに使われています。

高菜とくじらの煮しめには、かつては「鹿の子くじら」という肉を使っていました。あごからほほにかけての肉で、脂のサシが鹿の子状に入ったとても脂の多い肉ですが、今では高級品になってしまいました。辛みや苦味をもつ高菜は油脂と合わせると食べやすくおいしいので、ここで紹介するレシピでは赤身肉と、脂の多い皮の部分を混ぜて使っています。

協力＝米原喬子、二宮辰子
著作委員＝萱島知子、武富和美、西岡征子

撮影／戸倉江里

＜材料＞4人分

高菜（青いもの・生）… 300g
クジラ皮・肉（スライス）… 150g
油…適量
砂糖…大さじ1と1/3
酒…大さじ2
醤油…大さじ2

＜つくり方＞

1 高菜をゆで、約3cmの長さにざく切りする。
2 クジラを食べやすい大きさに切る。
3 厚手の鍋に油をひき、クジラを炒める。クジラに火が通ったら、水けをしぼった高菜を入れて炒める。
4 高菜がある程度しんなりしたら砂糖、酒、醤油を順に入れ、さっと炒める。醤油は完全には煮つめず、少し残った状態で仕上げる。

生の高菜とクジラの皮と肉

撮影／戸倉江里

<材料>4人分

小松菜*…1束（320g）
油揚げ…1枚（40g）
油…大さじ1と1/3
醤油…大さじ2弱（32g）
赤酒**…大さじ1と1/3

*京菜、高菜、大根葉、かつお菜、チンゲン菜などでもよい。

**製造過程で灰汁を用いて保存性を高めた、赤く甘味の強い酒。

<つくり方>

1 小松菜はさっとゆで、しぼってから4cm長さに切る。
2 油揚げは油抜きをして粗くせん切りにする。
3 鍋に油を熱し、小松菜と調味料を入れて炒め、油揚げを加えて全体にまんべんなく味がなじむように仕上げる。

◎アクが強い青菜は、ひとゆでしてから使うとおいしい。青菜をゆでない場合は、茎の部分を先に入れ、最後に葉っぱの部分を入れ炒める。材料がしんなりしてきたら調味料を入れる。

◎水分が出たら、一度葉をとり出して調味料を煮つめてからめるとよい。

〈熊本県〉菜《な》焼き

ざくざく切った青菜を油で炒め、甘辛い味つけで炒め煮にした料理で、県全域で食べられてきました。菜っ葉類が豊富な春によく食卓に上ります。使う菜っ葉は小松菜の他、山東菜や京菜、しゃくし菜、ふだんそう、かぶの葉、大根葉などさまざまです。シンプルな味つけで、旬の菜っ葉のおいしさがそのまま感じられます。阿蘇では、どこの家でもたくさん高菜を作付けていたので、春の収穫時には高菜漬けにする他、菜焼きにも使いました。冬の寒風にさらされて育った高菜は、やわらかく辛みが強いのが特徴で、菜焼きにするとご飯が進みます。

今回は油揚げを入れましたが、以前は熊本市とその近郊ではいりこ、阿蘇では塩くじら（くじらの脂身の塩漬け）を一緒に入れることもありました。また、今回使った赤酒は、熊本の家庭料理に欠かせない調味料で儀式や正月のお屠蘇《とそ》にも出されます。赤酒を入れるとアクのある野菜を煮たときも色が変わらず、上品な甘さですっきりとした味わいになります。

著作委員＝柴田文

〈大阪府〉

若ごぼうと揚げの煮物

「八尾若ごぼう」は大阪市の東で奈良県と接する八尾市の特産です。1月中旬から出始め、3月中旬から4月初めが旬の、根も軸（茎）も葉も食べられるごぼうです。矢のように束ねて出荷するので「や（矢）ーごんぼ」とも呼ばれます。甘味とほのかな苦味とシャキシャキとした食感、豊かな香りで春を呼ぶ野菜として親しまれています。普通のごぼうよりも短い根は、やわらかいがしっかりとごぼうの風味がし、味が凝縮されています。その上にふきに似た長い軸があり、シャキシャキとした歯ごたえで筋もかたくなく、口に残りません。葉は薄くてもしっかりしているので、刻んで炒めたり、煮こんだりします。ほどよい苦味と青さがあって、おひたしにすると酒のあてにもなります。

紹介するレシピの他にも根と軸を炊きこみご飯に入れたり、軸の煮物はちらしずしや巻きずしの具にしたり、葉を白和えにしたりします。すべてを合わせたかき揚げもおいしいものです。

協力＝森川雅恵
著作委員＝澤田参子、阪上愛子、東根裕子

撮影／高木あつ子

＜材料＞4人分

若ごぼう（根と軸）…400g
油揚げ…40g
油…大さじ1
だし汁…1カップ
砂糖…大さじ2
酒…大さじ2
醤油…大さじ2

矢のように束ねて出荷される若ごぼう

＜つくり方＞

1 若ごぼうの根の部分は、たわしや包丁の背で表面の皮をよくこすり落とす。残ったひげ根も落とし、ささがきにする。軸は3〜4㎝に切る。軸が太いときは斜めに切る。根と軸は別々に10〜15分水につけてアクを抜く。
2 油揚げは細切りにする。
3 鍋に油を熱し、根を炒めてから油揚げとだし汁を加えて煮る。少しやわらかくなったら調味料を入れ、軸を加えて煮る。味がしみこみ、適度なかたさになったらできあがり。

撮影／高木あつ子

＜材料＞ 4人分

出西しょうが…200g
刺身醤油*…大さじ2/3
濃口醤油…大さじ1と1/3
みりん…大さじ1と1/3
酒…大さじ1と1/3
砂糖…50g
昆布…5㎝角1枚

*再仕込み醤油ともいい、醤油を仕込むときに、塩水ではなく生揚げ(きあげ)醤油(もろみをしぼったままの醤油)を使う。色や味、香りが濃厚。

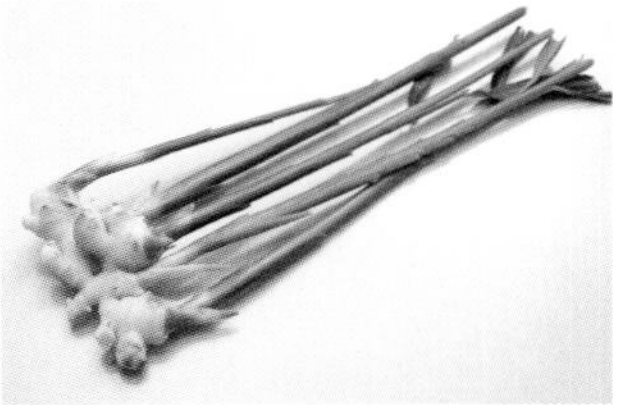

出西しょうが。栽培地域が限られるため生産量が少なく、流通する時期も短いため地元で消費されることが多い。風邪薬として効果があるとされ、「娘やるなら出西郷へ、生姜のにおいで風邪ひかぬ」とも唄われる

＜つくり方＞

1. しょうがは根の部分を薄切りしてザルに入れ、流水でさっと洗う。
2. 水けをきったしょうがと、5㎜幅の短冊に切った昆布、調味料を鍋に入れて火にかける。
3. 沸騰するまでは中火、沸騰したら弱火にし、焦げないようにときどき混ぜながら、蓋をして汁けがなくなるまで煮る。

〈島根県〉

出西《しゅっさい》しょうがの甘辛煮

出西しょうがは大きさが数㎝の株分かれした小しょうがで、繊維が少なくやわらかで、ピリッとした上品な辛みとさわやかな香気に富んでいます。最も香りのよい8〜9月に収穫し、茎と葉がついたまま出荷されます。斐伊川《ひいかわ》の下流2㎞の、豊富な伏流水と水はけのよい砂地である出西地区でしか育たず、一方、どんなしょうがでも出西村へ移植すれば必ず繊維が少なく、切り口が白くなり、出西しょうがの特性をもつようになるともいわれています。

やわらかいので生のまま醤油やかつお節をつけて食べたり、酢漬けにしたり、炊きこみのしょうがごはんにしたりしますが、甘辛く煮ると数カ月間保存のきく常備菜になり、食事の箸休めやお茶うけによい一品になります。甘辛煮に使うのは濃厚な刺身醤油です。山陰から北九州地方にかけて使われることの多い醤油で、おもに卓上でつけ醤油、かけ醤油として使われますが、甘辛煮に少量使うとコクや甘味が加わります。

協力＝宮本美保子、高麗優子、幡垣八千代、中島春美　著作委員＝藤江未沙、石田千津恵

地方の夏野菜

野菜は海外からタネが渡ってきて、
各地の気候風土に適応し、地方品種が生まれました。
この野菜でないと出せない味、という料理もあり、
地方野菜は、地域の食文化の担い手でもあります。

撮影／長野陽一、高木あつ子(長岡巾着なす、佐土原なす、焼きなす)、五十嵐公(千石豆)
写真提供／長野県農政部（ぼたんこしょう）

長岡巾着《きんちゃく》なす（新潟県）

巾着のような形からこう呼ばれる。皮はやわらかく肉質がしっかりとして煮くずれしにくい。明治時代から長岡市で栽培されている。
→p84新潟県のふかしなす

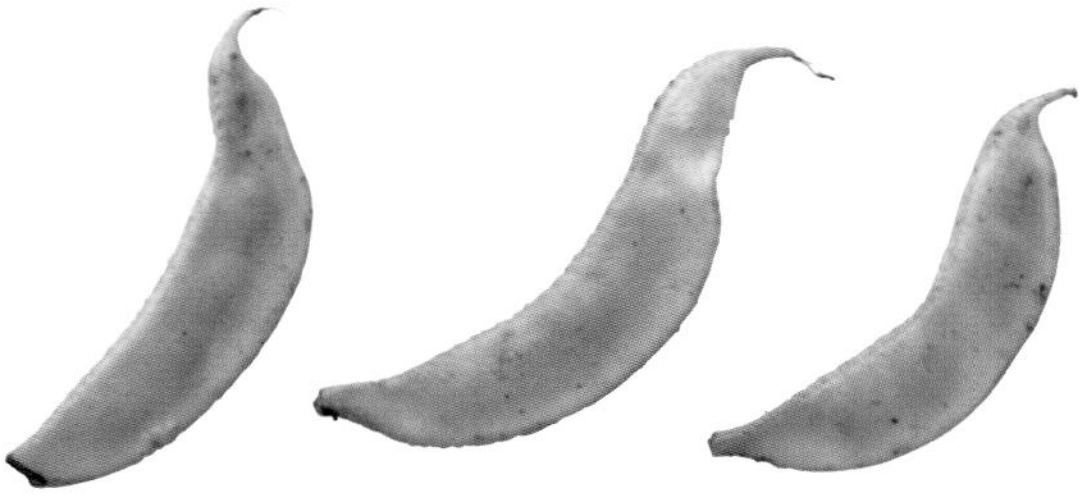

千石豆《せんごくまめ》（愛知県）
つるまめ（石川県）

フジマメのことで、愛知県では濃尾平野で明治時代から栽培される。石川県では「加賀つるまめ」と呼ぶ。表面がざらざらしていて、独特の風味がある。
→p107愛知県の千石豆の煮物

石川県のつるまめの煮物。油揚げ、なすと一緒に煮る。つるまめの細かい産毛に煮汁がよくからむ

加賀《かが》太《ふと》きゅうり（石川県）

1本600～800gもする太くて大きいきゅうり。果肉が厚くやわらかいので、加熱料理に適している。店頭に並ぶと夏が来たと感じる、金沢特産の野菜。

石川県の太きゅうりのあんかけ。だし汁で煮てかたくり粉でとろみをつける。のど越しがよい

どっこきゅうり（富山県）

冬瓜に似た極太のきゅうり。濃緑で果肉が厚く日持ちがよい。「どっこ」は、高岡の方言で太く短いという意味。
→p93富山県のどっこきゅうりのあんかけ

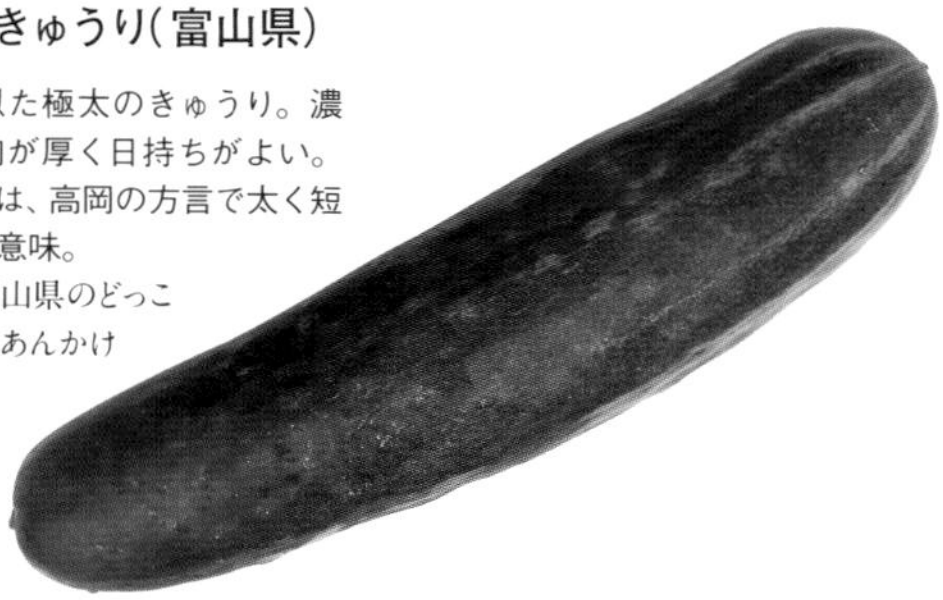

佐土原《さどわら》なす（宮崎県）

江戸時代に佐土原藩（宮崎市佐土原町や新富町）を中心に栽培されてきた伝統野菜。1本約200g。果肉がやわらかくて甘味があり、焼くととろとろになる。

宮崎県の焼きなす。なすを丸のままガスコンロで焼く。皮をむいて切り、醤油などで食べる

ぼたんこしょう（長野県）

トウガラシだが、果肉が厚く見ためはピーマンとほぼ同じ。標高1000m近い冷涼な気候でしか辛く大きくならない。県北の中野、飯山、信濃町で栽培されている。
→p87長野県のやたら

協力／田中洋子（宮崎県）　著作委員／川村昭子（石川県）、篠原久枝（宮崎県）

なす・うり類・さや豆・豆

日本の夏を過ごすのに、水分をたっぷり含んで体を冷ましてくれる果菜類は欠かせません。なすやきゅうりはもちろん、ゆうがおや冬瓜、へちまやにがうりなどが活躍します。春を告げるえんどう豆やそら豆、夏が盛りのさやを食べる豆の料理も紹介します。

〈青森県〉

なすのしそ巻き

7月中旬から8月にかけて旬を迎えるなすと赤じそを使った料理です。津軽では赤じそのことを「じさ」ともいい、「なすのじさ巻き」ともいわれます。津軽の家庭では、梅干しを赤じそで包んだ「しそ巻き梅干し」を毎年たくさんつくるため、かぐち（庭）で赤じそを育てている家が多く、身近な食材です。なすを育てている家も多く、ちょうど収穫の時期が重なるので、夏場はなすのしそ巻きが頻繁に食卓に上ります。スーパーでもなすと赤じそが隣に並んで売られているので、家で育てていない人も買ってつくります。

津軽の赤じそは青じその2倍くらいあり、なすを巻くのにちょうどよい大きさです。合わせ味噌をつけたなすをしそで巻いて焼くと、新鮮でみずみずしいなすに味噌の塩けがなじんでおいしく、赤じそのさわやかな香りで白いご飯がよく進みます。なすと赤じそか青じそを粗みじん切りにして、油で炒めて味噌で味をつけた「なす味噌」という料理もあり、なすとしその組み合わせが愛されています。

協力＝澤田登美子　著作委員＝安田智子

＜材料＞ 4人分

なす（中）…2本
赤じそ（じさ）…大12枚
A ┌ 味噌…60g
　 │ 酒…大さじ1
　 │ 砂糖…小さじ1
　 └ 一味唐辛子…好みの量
油…少々

津軽の赤じそ。津軽では葉の大きくなる品種が育てられており、青じその2倍くらいのサイズのものを使う

＜つくり方＞

1 なすを縦6等分に切る（写真①）。
2 Aを混ぜ合わせる（合わせ味噌）（写真②）。
3 なすに合わせ味噌をつけて（写真③）赤しその葉を外表にして葉の茎側から先に向かって巻いていく（写真④、⑤）。
4 フライパンに油をひき、赤じそで巻いたなすを重ならないように並べる（写真⑥）。
5 弱火で蓋をしながら蒸し焼きにし、赤じその色が変わったら、ひっくり返して両面を焼き、なすにしっかりと火を通す。

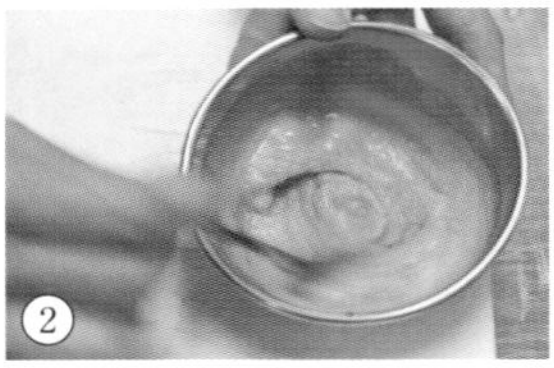

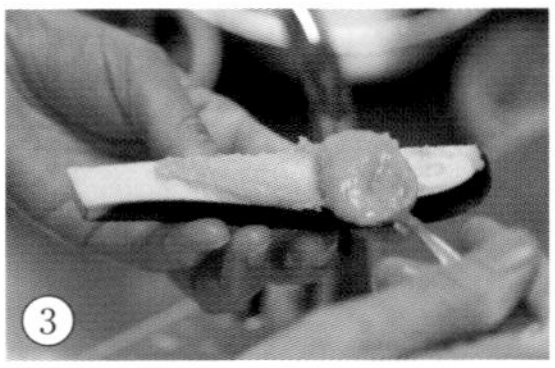

撮影／五十嵐公

〈北海道〉

野菜味噌

野菜味噌は、夏にとれる野菜を多めの油で炒めてから味噌と砂糖で調味したものです。なす、いんげん、青なんばん（青唐辛子）、青じそ、にんじんと野菜がたっぷりで、青なんばんのピリッとした辛さと青じその香りがきいた甘めの味噌味はご飯にのせておいしく、おにぎりに入れたり、肉を炒めるときの味つけにも使ったりします。現在も、いつでも食卓にあるご飯の供です。

野菜をたっぷりの油で炒めて味噌や砂糖と練り上げる料理は各地で食べられていますが、これは富良野の家庭で教えてもらいました。富良野は盆地のため夏はとても暑く、味のしっかりした野菜味噌はご飯が進むおかずで、日持ちがするので冬にも食べていました。

卵を入れるのは母親の考案で、子どもたちに栄養のあるものをと、飼っていた鶏が産んだ卵を入れたそうです。卵を入れると味がまろやかになりました。昔は手づくりの味噌を使って大量につくり、近所の人にも配って喜ばれました。

協力＝山崎登美子、宮崎理恵
著作委員＝坂本恵

撮影／高木あつ子

＜材料＞ つくりやすい分量

なす…中4個（360g）
さやいんげん…200g
にんじん…大1本（180g）
青なんばん…3本（15g）
青じそ…20枚（10g）
油…3/4カップ
砂糖…250g
味噌…500g
かつお節（粉末）…大さじ2
卵…2個

◎野菜は季節のものなら何を使ってもよく、卵は好みで入れなくてもよい。干しエビやかまぼこなどを加える家庭もある。

＜つくり方＞

1 なすは1.5cmの角切り、いんげんは1.5cm長さの斜め細切り、にんじんは2cm長さのせん切り、なんばんは小口切り、青じそは粗みじん切りにする。
2 青じそ以外の野菜を油で炒め、野菜にしっかり火が通ったら、砂糖、味噌、かつお節を加え、照りが出るまで炒め、青じそを加える。
3 溶き卵を回し入れ、混ぜながら火を通す。

＜材料＞4人分

なす…6本（320g）

- 砂糖…大さじ1/2強（5g）
- 醤油…小さじ1/2強（3mℓ）

枝豆（さやつき）
　…230g（豆で150g）

- 塩…1g
- 砂糖…大さじ2弱（16g）

＜つくり方＞

1 なすはへたを除き、高温のオーブンまたはオーブントースターで皮が黒く焦げて中身に火が通るまで焼き、冷水にさっとつけて冷ます。外皮をむき、縦に細かく裂いてザルにあげ水けをきる。

2 なすに砂糖と醤油で下味をつける。

3 枝豆は塩少々（分量外）を入れた熱湯でやわらかくゆで、さやからとり出し薄皮を除き、粗めに刻んだあとすり鉢に入れてよくする。塩と砂糖を加えてさらによくすり、衣をつくる（写真①）。

4 下味をつけたなすを**3**で和え、器に盛る。

◎なすは焼かずに、へたを除き中身に火が通る程度に丸ごと蒸してから外皮をむいてもよい。

◎地域によってずんだのすりつぶし方が異なるが、宮城県ではすり鉢でしっかりすりつぶしたものが好まれている。

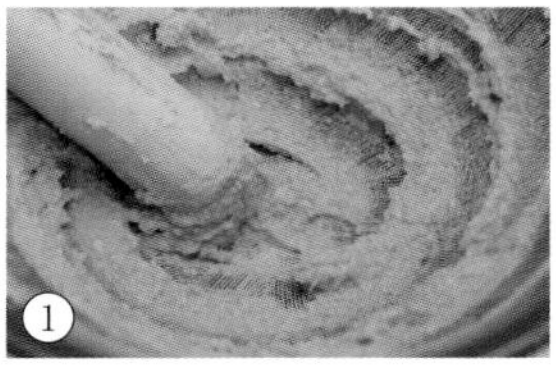

撮影／高木あつ子

〈宮城県〉

なすのずんだ和え

ゆでた枝豆の薄皮をとってすりつぶし、砂糖を加えた「ずんだ」で焼きなすを和えた料理です。お盆や秋のお彼岸など、人が大勢集まる寄り合いのおもてなし料理としてよくつくりました。仙台市の南東に位置する名取市では、仙台長なすを未熟な状態で収穫したものを使います。手間はかかりますが、やわらかく独特のほろ苦さがある仙台長なすと甘いずんだは相性がよく、夏場の行事食には欠かせない一品になっています。以前は旧暦の6月頃に稲につく虫を駆除するため「虫おくり」という豊作祈願の行事が行なわれ、このときのごちそうにもなすのずんだ和えが出されていました。

ずんだは、「ずだ」「じんだ」「じんだん」など地域によって呼び名はさまざまです。焼きなすに和える以外にも、もちやおはぎにつけて食べます。ずんだを使った料理はクリーミーでまろやかな豆の味と香り、鮮やかな色が楽しめ、甘いものが貴重だった昔からハレの日の料理として愛されてきました。

協力＝増子裕子、佐藤律子、渡邊てる子
著作委員＝高澤まき子、矢島由佳

〈山形県〉

だし

山形県は豪雪地帯であるために寒いイメージが先行しますが、盆地の気候から夏は気温が高く、1933年に記録された山形市の最高気温は2007年に他県に抜かれるまで日本一でした。このような山形の暑い夏になくてはならないのが、だしです。夏野菜を刻んで醤油をかけ、味をなじませただけの火要らずの料理です。みょうがや青じそなどの香りもよく、暑さで食欲がないときでもだしをかければご飯が進みます。

おもしろい料理名ですが、語源はわかっていません。昔から家庭菜園をつくっている家は多く、夏の畑でとれた新鮮な野菜を夜のうちに刻んで調味し、冷蔵庫で一晩冷やしたものを翌朝の食卓に出すことで、忙しい朝の手間が省け、なおかつ家族にも喜ばれる便利な一品です。使う食材は家庭の工夫があり、枝豆を入れたり、子どもがいる家ではとうもろこしを混ぜたりすることもあります。また、村山地方では納豆昆布（がごめ昆布）を刻んで入れ、粘りを出す家庭もあります。

協力＝神保道子　著作委員＝齋藤寛子

撮影／長野陽一

＜材料＞ 4人分

なす…1本（100g）
きゅうり…1本（100g）
みょうが…2本（30g）
青じそ…4〜5枚
長ねぎ…1/4本
しょうが…少々
かつお節…5g
醤油…大さじ2〜3

＜つくり方＞

1 なすはみじん切りにし、水にさらしてアクを抜き、ザルにあげて水けをきる。青じそも同様にみじん切りにして水にさらし、水けをきる。
2 きゅうり、みょうが、長ねぎ、しょうがはすべてみじん切りにする。
3 1と2の野菜をボウルに入れ、混ぜ合わせる。細かくしたかつお節を混ぜ、醤油をかけ、全体になじませる。
4 冷蔵庫で冷やし（できれば一晩）、食べる直前に器に盛りつける。

◎食べ方は、そのまま食べる、白いご飯にかける、冷ややっこやそうめんの薬味にするなど。

◎漬物のようにつくりおきはせず、2日ほどで食べきる方がおいしい。

撮影／五十嵐公

なすの酢味噌和え

〈神奈川県〉

川崎市麻生区には柿生《かきお》という地名が残っており、それは、鎌倉時代前期に山中で発見された禅寺丸《ぜんじまる》という柿が元になっています。禅寺丸は形が丸く小粒で、果肉にゴマが多い甘柿です。地域で広く栽培され、昭和40年代半ばまでは市場に出荷されていました。現在も庭先や畑の横などで見かけます。

当時は、未熟なものや落ちて傷のある柿を利用して、家庭で柿酢がつくられました。この柿酢を使ってつくられたのが、なすの酢味噌和えです。たくさんとれる新鮮ななすは刻んで塩もみやぬか漬けにもしましたが、家庭で酢をつくっていたこともあり、ゆでたり蒸したりしたなすを酢味噌で和えて食べるのが、夏場の蒸し暑い時期には至極の一品だったそうです。柿酢は、へたをとった柿3kgに酢1ℓを注いで40～50日おき、上澄みをこします。最初は透明で、2～3年保存すると色がついてきます。柿酢は酸味が弱く、まろやかな味わいだったそうです。ここでは普通の米酢を使ってつくりました。

協力＝山田みつ
著作委員＝大迫早苗、酒井裕子

＜材料＞ 4人分

なす…4本
酢味噌
- 味噌…大さじ2
- 砂糖…大さじ1
- 酢…大さじ1

＜つくり方＞

1 なすはへたをとり縦半分に切り、火が通りやすいように、厚さ2cmほどの斜め切りにする。
2 なすを水に10分ほどさらしてアクを抜く。
3 蒸し器で10分ほど蒸し、粗熱をとる。
4 ボウルに酢味噌の材料を入れ、よく混ぜ合わせる。
5 なすを盛りつけ、食べる直前に酢味噌をかけ、全体を和える。

〈新潟県〉

ふかしなす

丸なす(長岡巾着《きんちゃく》なす)は県中央部の長岡市で代表的な夏の野菜です。その形がしぼった巾着のようで、縦にしわが入った丸形です。直径10㎝以上、重さは250〜300gの大型になります。皮はやわらかく、肉質がしっかりとして煮くずれしにくく、甘味が強く、色の溶け出しがありません。

ふかしなすは蒸して冷やして切るだけの、とても簡単でおいしい料理です。加熱してもしっかりと食べごたえがあり、かつジューシー。夏のほてった体を心地よく冷ましてくれます。

かつては夏は毎日なす尽くしでした。煮物、炒め物、揚げ物、蒸し物、汁の具など調理法を変えて食べました。ただし、大型で果肉がかたいので、直火での焼きなすは中まで火が通らず、向きません。なすと、ししとうや神楽《かぐら》南蛮(青唐辛子の一種)、赤じそを味噌炒めにした「なす炒り」はご飯が何杯でも進みます。辛子漬けや長期の味噌漬けもよくつくってきたもので、長岡人は郷愁を感じる野菜です。

協力=毛利彰子、金内テル、小林直子、西川悦子　著作委員=山田チヨ、太田優子

撮影/高木あつ子

<材料>4人分

丸なす(長岡巾着なす)…2個(600g)
しょうが…2かけ(20g)
練り辛子…小さじ1
醤油…小さじ1

長岡巾着なす

<つくり方>

1 なすはへたをとり、縦に2つに切り皮をむき、さっと水にさらしてアクを抜く。
2 蒸気の上がった蒸し器に入れて約10分蒸す。竹串を刺してすーっと通ればよい。蒸し過ぎないように注意する。
3 蒸し上がったなすは冷凍庫に15分ほど入れて急冷し、そのあと冷蔵庫で冷やすと色よく仕上がる。
4 しょうがはすりおろす。
5 食べやすい大きさに切り、しょうが醤油または辛子醤油で食べる。

◎皮はやわらかいので、ふだんの惣菜としてつくるなら、むかなくてもおいしく食べられる。ただし、蒸し上がりが茶色になるので、ハレの料理に使うときは必ずむいてつくる。

撮影／長野陽一

＜材料＞4人分

なす…4個（1個60g）
そうめん…2束（100g）
だし汁（昆布とかつお節）
…2と1/2カップ
みりん…大さじ1
醤油…大さじ2
しょうが…少々

＜つくり方＞

1 なすはへたをとり、縦半分に切り、表に斜めに細かく切り目を入れる。2分下ゆでする。
2 そうめんはかためにゆでる。
3 だし汁になすを入れてやわらかくなるまで煮る。
4 3にみりんと醤油を入れ、ゆでたそうめんを入れ、さっと煮る。
5 器になすとそうめんを盛り煮汁を入れ、おろししょうがを天盛りにする。

なすとそうめんのおつゆ。なす2個はへたをとり、縦半分に切り、斜めに1～2cm幅に切る。下ゆでせず、だし汁3カップでやわらかくなるまで煮る。塩小さじ1/3、醤油大さじ1、みりん大さじ1で調味し、そうめん1束を半分に折って入れ（そうめんはゆでておいてもよい）、さっと煮て仕上げる

〈石川県〉

なすそうめん

金沢から加賀地域一帯にかけて、夏の惣菜の定番としてつくられてきたもので、スーパーの惣菜コーナーにも並んでいますが、他地域の人からは珍しがられることが多いです。だしをたっぷり含んだなすがボリュームを感じさせながら、魚や肉のようにもたれる重さはなく、なすの煮汁を吸ったそうめんとともに、暑さに弱った胃腸にもすんなりおさまります。

夏の昼食にそうめんを食べ、ゆでそうめんが残ったらこの煮物にしたという話もあります。また、当地の夏の煮魚に「こぞくら（ぶりの幼魚）の煮つけ」がありますが、その煮汁の残りでよくつくりました。そうめんをあらかじめゆでずに、なすを煮たところに直接入れ、とろみがついたのを好む人もあります。

最近はだし汁を増やして汁ものとして食べる家庭の方が多くなっているようです。すまし仕立ても味噌仕立てもあり、家庭料理としていろいろな食べ方がされています。

著作委員＝新澤祥惠、川村昭子

〈石川県〉

なすのオランダ煮

いわゆるなすの含め煮です。紹介するレシピでは、下ゆでしたあと調味料で煮ましたが、炒めてから煮る、揚げてから煮る、さらには最初から調味した煮汁で煮るなど、つくり方はさまざまです。薬味も唐辛子やおろししょうがであったり、あるいは薬味なしというように、自由です。炊きたてよりも少し冷めてからの方が、味がしみこんでおいしいというのは共通しているようです。

もとはなすをゆでて、やわらかくなったらゆで汁をきり、砂糖と醤油を加えて煮る素朴な料理だったともいわれ、昔は鍋いっぱいにつくりました。

「オランダ煮」と呼ぶ理由は定かではありません。江戸時代、日本に来ていたオランダ人のズボンがなすの形に似ていたことに由来するとか、薬味に唐辛子を使うことがあるのをオランダ煮と呼んだなどの説があります。生でなく、なすのやど漬け（ぬか漬け）や塩漬けを煮る場合もあり、これは「つけオランダ」「塩オランダ」などと呼ばれます。

著作委員＝新澤祥恵、川村昭子

撮影／長野陽一

＜材料＞4人分

なす…8個（1個約60g）
だし汁（昆布とかつお節）
…1と1/4カップ
砂糖…大さじ2
酒…大さじ1
醤油…大さじ2と1/2
赤唐辛子…少々

＜つくり方＞

1 なすはへたをとり、下の方に十文字の切り目を入れる。
2 塩少々を加えた湯（分量外）で1を5分下ゆでする。
3 だし汁、砂糖、酒、醤油で15〜20分、中火で2を煮含める。途中で輪切りの唐辛子を加える。煮汁が少なくなり、なすにつやが出てきたらできあがり。
4 なすを器に盛り、唐辛子を散らす。

◎仕上げにごま油を落としてもよい。

撮影／高木あつ子

<材料>4人分

丸なす…1個（120g）
きゅうり…1本（180g）
みょうが…2個（40g）
ぼたんこしょう（または青唐辛子）
…1〜2個（50〜100g）
大根の味噌漬け*…40g

*味噌漬けの味が薄い場合は味をみながら、塩、醤油を加える。

ぼたんこしょうは唐辛子の一種で、長野県の伝統野菜（写真提供／長野県農政部）

<つくり方>

1 野菜や味噌漬けは大きさをそろえて細かいみじん切りにする。丸なすのみじん切りは、塩を少々入れた水（分量外）にさらしてアクを抜く。

2 なすをザルにあげ、きゅうり、みょうが、ぼたんこしょうと合わせて水けをよくしぼり、味噌漬けと合わせる。

やたら

〈長野県〉

夏野菜と大根の味噌漬けを刻んで混ぜた料理で、県北の飯山市や信濃町の夏の日常食です。忙しいときでも簡単につくれて、また暑くて食欲のないときでも温かいご飯や冷たいそうめんにのせるといくらでも食べられます。素材の味を生かし、また旬の食材だけでつくれるシンプルなところに先人たちの知恵が光ります。大根の味噌漬けは市販品でも代用できますが、多くの家庭では自家製の味噌漬けを使います。基本の味は大きく変わりませんが、家庭によって少しずつ味が異なります。味噌漬け特有の香りがおいしさをいっそう引き立てます。

夏野菜を「やたらめったら」刻んでつくるので、「やたら」とおいしいので、「やたら」と食欲が出るので…と料理名のいわれには諸説あります。畑でとれた新鮮な野菜を細かく同じ大きさに切りそろえ、味噌漬けのしょっぱさと唐辛子の辛味でいただきます。最近ではオクラ、ズッキーニなども入れ、食べ方もアレンジされています。

協力者＝木原喜美子、佐藤ちよ
著作委員＝小川晶子

〈奈良県〉

おなすの山椒和え

なすの和え物はお盆の料理としてつくられることが多く、山椒和えも奈良市では盂蘭盆会《うらぼんえ》の2日目にお供えする料理の一つです。仏壇の位牌の数のご先祖様に一皿一皿盛りつけてお供えし、そのお下がりをいただきます。季節の野菜を山椒の実やごまで和えた、食欲をそそる香りが印象的な夏の料理です。調味料は醤油のみですが、山椒やごまの風味となすの甘味が感じられます。

お盆のお供えのために、5月末に出回る山椒の実をアク抜きしたのち、冷凍庫で保存しておいて、この料理に使います。昔は山椒の実は塩漬けにしてビンに入れて保存しておきました。すり鉢の中でごま、山椒の実をすり、調味料とゆでたなすを入れて和えます。白いご飯ととてもよく合い、和えたなすを出したあと、すり鉢に炊き立ての白いご飯を入れておにぎりにするのも楽しみだったそうです。ごまと山椒の味がしっかりきいたおにぎりは忙しいお盆の際、間食として食べられました。

協力＝稲田智子
著作委員＝喜多野宣子

撮影／五十嵐公

<材料>4〜6人分

なす…中3本（小5本）
山椒の実*…大さじ1（10g）
白ごま…40g
うす口醤油…大さじ1と1/2

*山椒の実は枝からはずし、ゆでてアクをとり、冷凍または塩漬けにしたもの。塩漬け山椒を使う場合は、醤油を加減する。

<つくり方>

1. なすは皮の一部を残して縦に皮をむいたあと、縦半分に切り、さらに横に半分に切る。厚さ1㎜ほどの短冊状に切りそろえ、水にさらす。
2. なすを熱湯でさっとゆで、ザルにあげて冷まし、手で軽くしぼり水けをきる。
3. 白ごまを炒る。
4. すり鉢で山椒の実をすり、白ごまを加えてさらにすり、醤油を加えて和え衣をつくる。
5. すり鉢になすを加えて箸で軽く混ぜる。

◎なすのしぼり具合で水分量が変わるので、醤油は味を見て加減する。

〈広島県〉なすとそうめんの煮物

撮影／高木あつ子

<材料> 4人分

そうめん…1束（50g）
なす…2本（260g）
油…小さじ2と1/2
砂糖…大さじ1強（10g）
醤油…大さじ1
みりん…小さじ1/2
だし汁（いりこ）…1カップ

<つくり方>

1 そうめんを半分に折ってゆで、水でよく洗って水をきる。
2 油を熱し、斜め切りにしたなすを炒め、だし汁を加える。
3 2がひと煮立ちしたら、砂糖、醤油、みりんで調味し、なすがやわらかくなったら1のそうめんを入れてさっと煮て煮汁をからめる。

◎そうめんが汁を吸うので、汁を多めにするとよい。時間をおいてそうめんに汁がしみこんだ方がおいしい。

なすは旬になると一度にたくさんとれるため、さまざまな料理で食べますが、県北の安芸太田で頻繁につくられていたのが、なすとそうめんの煮物です。昼のそうめんが余ったときによくつくる料理で、油で炒めて甘辛く味つけしたなすとだし汁がしみこんだそうめんは、ご飯の上にかけてもおいしく、そうめんをわざわざゆでてつくることもありました。ご飯の量が少ないときは、そうめんを増やして主食代わりにもします。色が悪いので苦手な子どももいましたが、大人になると好きになる味です。

なすは、長さが30～40㎝ほどある細めの長なすを使いました。皮も果肉もやわらかく、加熱するととろけるおいしさです。長なすは辛子和えにもしたそうで、1㎝程度の輪切りか半月切りにして塩でもんでアクを出し、水で洗ってしぼり、酒でかために溶いた辛子と醤油、みりんのたれに漬けこみます。辛子のピリッとした辛さと白いご飯がよく合い、食欲をそそりました。

協力＝片山サカエ、河野壽美恵
著作委員＝渡部佳美

〈大分県〉

オランダ

なすやにがうりなどの夏野菜をだし汁と麦味噌で炒め煮にし、とろみをつけた料理です。

国東地域では、大きな声で叫ぶことを「おらぶ」と言います。水けの多い夏野菜を炒めると大きな音が出ることから、「おらぶ」が転じて「オランダ」になったと言われています。大分市では小麦粉でとろみをつけてねるようにすることから「こねり」と呼ばれます。

見た目は地味ですが、にがうりの苦味と甘めの麦味噌の味がやわらかいなすにからみ、昔から地元で愛されている味です。国東地域では自家製の野菜と味噌を材料にして、これにとろみをつけてなめらかな舌ざわりの料理に仕上げます。野菜のかさ増しにもなるので大家族にも助かる料理で、夏の忙しい時期の食卓によく上ります。

醤油で味つけすることもあり、醤油味のときは昆布とかつおのだし、味噌味のときは煮干しだしと使い分ける家もあります。ピーマンやかぼちゃ、きゅうりを入れることもあります。

協力＝土谷知子

著作委員＝望月美左子

撮影／戸倉江里

＜材料＞2人分

なす…1本（150g）

にがうり…1/2本（100g）

玉ねぎ…1/2個（150g）

油…5～10g

小麦粉…5～10g

だし汁（煮干し）…100mℓ*

砂糖…5～10g

麦味噌…10g**

*だし汁を別にとらずに、煮干し5～10gと水100mℓをつくり方**3**で入れてもよい。

**麦味噌の代わりに醤油15gでもよい。

＜つくり方＞

1 野菜をひと口大の乱切り、または拍子木切りにする。なすは切ったらすぐに水につけ、ザルにあげ、水けをきっておく。

2 鍋に油をひき、野菜をかたいものから入れ、強火で炒める。野菜がしんなりしてきたら小麦粉を入れて炒める。

3 小麦粉が野菜全体にからまったら、砂糖と麦味噌を溶いただし汁を入れ、かき混ぜながら煮て、とろみが出てきたらできあがり。

◎野菜をよく炒めてから、調味料と小麦粉を溶いただし汁を入れてとろみをつける場合もある。

◎にがうりの苦味が苦手な場合は薄切りにして塩をふり、水けが出てきたらしぼり、さっと湯通ししてから使うとよい。

〈京都府〉

伏見とうがらしとじゃこの炊いたん

細長くて実がやわらかく、辛さはなくて甘さがあるのが特徴の伏見とうがらしは、古くから京都の伏見付近を中心に栽培されてきました。昔はとうがらしといえば伏見とうがらしのことでしたが、その後、改良品種として肉厚でボリュームがあり、やはり甘さのある万願寺とうがらしも登場し、今ではどちらも同じように使われています。夏から秋にかけてよく出回り、広く親しまれている野菜です。

ちりめんじゃこと炊くこの料理は昔から家庭でつくられている定番のおばんざいで、たくさん炊いて、つくりおきしていました。府南部の農村地帯でもよく食べられており、夏の炎天下の農作業でへとへとになり、食欲がないときでも、じゃこのうま味ととうがらし特有のさわやかな風味が合わさって、ご飯が進むおかずとして食べやすかったそうです。とうがらしをそのままこんがりと焼いて、かつお節と醤油をかけて食べるのと並ぶポピュラーな食べ方でした。

協力＝田中慶子、山田熙子
著作委員＝福田小百合、豊原容子

撮影／高木あつ子

＜材料＞4人分

伏見とうがらし（万願寺とうがらしでもよい）…200g
ちりめんじゃこ…30g
砂糖…大さじ1
醤油…大さじ1
みりん…大さじ2
だし汁（かつお節）…3/4カップ
ごま油…大さじ1

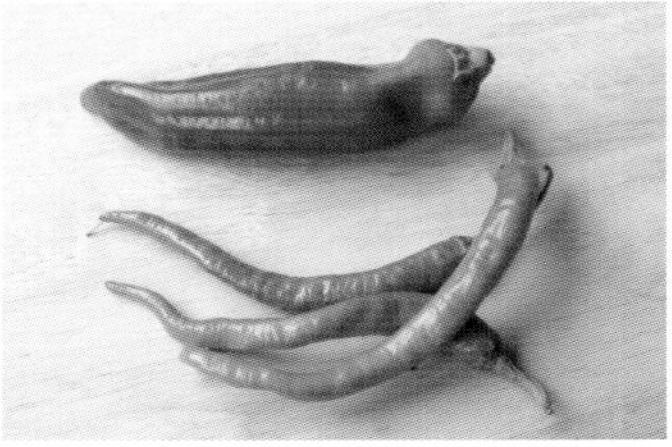

上：万願寺とうがらし　下：伏見とうがらし

＜つくり方＞

1 とうがらしはへたをとり、半分の長さに切る。種が気になるなら除く。
2 ごま油でとうがらしとちりめんじゃこを炒める。
3 やわらかくなってきたら、だし汁と調味料を加え、煮汁がなくなるまで煮る。

〈京都府〉

きゅうりとお揚げの炊いたん

夏、真っ盛り、畑では旬のきゅうりが次々ととれます。1日とらないでいると、翌日にはさらに大きくなってしまいます。旬の野菜の力強さにびっくりします。夏のきゅうりはみずみずしくおいしい上に体を冷やしてくれ、蒸し暑い京都の夏をしのぐのにうってつけです。一度にこんなにとれてどうしようかと悩まされますが、火にかけると、たくさん食べられます。暑いときにこそ温かいものを食べて、暑さで消耗した体力を回復するのです。また冷やしてもおいしく、いずれも夏を乗り切る大事な知恵です。

府南部は市街地を離れると田畑が多く、自家用野菜の栽培も多い地域です。かつては肉を食べる機会は少なく、海から遠いので魚も週に1度来る行商から買いました。そこでたんぱく質源としてお揚げさんが重宝されました。きゅうりの炊いたんは、たんぱく質と夏に必要な野菜のミネラル類もしっかりとれる、調理も簡単な普段のおばんざいです。

協力＝綴喜地方生活研究グループ連絡協議会
著作委員＝坂本裕子、福田小百合

撮影／高木あつ子

＜材料＞ 4人分

きゅうり…400g（4本）
お揚げ（京揚げ*）…40g
だし汁（かつお節）…1と1/2カップ
うす口醤油…大さじ2
みりん…大さじ2

*ふっくらと大きい油揚げ。関東で一般的な油揚げは「薄揚げ」とも呼ぶ。

＜つくり方＞

1 きゅうりの皮をところどころむいて縦半分に切り、大きく斜め切りにする。
2 お揚げを短冊切りにする。
3 鍋にだし汁、醤油、みりんを入れて沸騰させる。
4 きゅうりとお揚げを入れて5〜8分、きゅうりがやわらかくなるまで煮る。

〈富山県〉
どっこきゅうりのあんかけ

<材料>4人分

どっこきゅうり…1本（850g）
干し椎茸…4個
にんじん…1/2本
さやえんどう…8枚
だし汁（昆布とかつお節）
…2と1/2カップ
砂糖…小さじ1
みりん…大さじ1
うす口醤油…大さじ2
かたくり粉…大さじ1

上：どっこきゅうり　下：普通のきゅうり

撮影／長野陽一

<つくり方>

1 どっこきゅうりは皮をむいて縦半分に切り、中の種をとり、3cmの厚さに切る。
2 干し椎茸は水で戻して、表面に十文字に切り目を入れる。
3 にんじんは5mmの厚さに切り、きぬさやえんどうは筋をとり、それぞれ塩ゆでする。
4 鍋にだし汁、どっこきゅうり、椎茸を入れて煮る。
5 4のどっこきゅうりに火が通り透き通ったら砂糖、みりん、醤油を入れて味を調え、にんじんを加えてやわらかくなるまで味を含ませる。
6 かたくり粉を同量の水（分量外）で溶き、5に入れてとろみをつける。
7 器にどっこきゅうり、椎茸、にんじんを盛りつけ、きぬさやえんどうを斜めに切って彩りに添える。

県内には江戸時代から栽培されているという、太くて短い「どっこきゅうり」があり、大きいものでは約1kgと一般的なきゅうりの10倍もの重さになることもあります。日持ちするので、明治時代には遠洋漁業の船に積む野菜として重宝されました。

どっこきゅうりの代表的な食べ方が、冬瓜のように煮たりあんかけにすることです。やわらかくさわやかで、温かくても、冷たくしてもおいしいものです。うりのにおいが苦手なら、さっと下ゆでをするとよいでしょう。

ある家庭では、家庭菜園でとり遅れて太くなったきゅうりを使い、鶏のひき肉を入れたあんかけにして食べていたそうです。しかし近年開発された、どっこきゅうりの改良品種「高岡どっこ」と出合ってからは、甘さが濃く、苦味が少なく香りもよいので、もっぱら高岡どっこのあんかけが夏の定番になったといいます。肉厚で実がしっかりしているので、生ではサラダ、酢の物や漬物の他、炒め物にしてもおいしいそうです。

協力＝原田静江
著作委員＝稗苗智恵子、中根一恵、深井康子

〈山口県〉

干しえびときゅうりの酢の物

きゅうりの緑とえびの赤で彩りも鮮やかな夏のおかずです。さわやかな甘酢に干しえびのだしが加わります。わかめやみょうが、青じそを加えてもいいでしょう。干しえびは、包丁で刻むと味がよく出ておいしいという人もいます。

宇部市や防府市の沿岸では夏場、干しえびの加工業者「えび舎《しゃ》」がむしろにえびを干していて、周囲にはえびをゆでる独特のにおいがしていました。近所の子どもは海辺で遊びながら、干してあるえびをおやつにこっそり食べました。今は機械乾燥なので、そんな光景ももう見られません。当時は干しえびは近所のえび舎で安く分けてもらえました。干しえびを使った酢の物はたくさんつくって空きビンなどに保存し、常備菜のように食べました。

うりやそうめんうりなどでつくってもおいしいです。きゅうりは自宅の庭に植えていましたが、うりやそうめんうりはリヤカーで野菜を売りに来るおばちゃんから買っていました。

著作委員＝森永八江、櫻井菜穂子

撮影／高木あつ子

＜材料＞ 4人分

干しエビ…15g

- 酢…大さじ2と1/2
- 砂糖…大さじ2
- 塩…小さじ1/4

きゅうり…3本（300g）

塩…小さじ1/2

＜つくり方＞

1. 酢、砂糖、塩を合わせ、干しエビをつけておく。エビは刻んでもよい。
2. きゅうりは薄切りにして塩もみし、しぼる。
3. 干しエビをつけた合わせ酢にきゅうりを入れて和える。

◎エビでなく焼いた魚をほぐして入れてもよい。ちりめんじゃこを入れることもあるが、それは比較的新しいつくり方。

〈愛媛県〉

きゅうりと油揚げの酢の物

夏、献立にもう一品欲しいときによくつくる、大洲《おおず》の料理です。新鮮な魚介類がなくても、入手しやすい油揚げやちりめんじゃこが旨みになり、油揚げが酸味をマイルドにします。はすいもは里芋の葉柄《ようへい》・ずいきの一種で、7月から9月が旬。暑い夏でも食べやすいさっぱりした食味が特徴です。はすいもの代わりにわかめを入れたり、すだちなどの柑橘酢を使ったりします。大洲は川原で里芋を煮て食べる「いもたき」が有名ですが、その際、さっぱりした酢の物をいっしょに食べることも多いそうです。

大洲市から喜多郡の中山間地にかけては霧が多く寒暖差があるのでおいしい野菜ができます。きゅうりの栽培もさかんで、4月から12月までの長期間出荷され、とくに露地栽培の夏秋きゅうりは栽培面積と生産量は県内一。また、大洲は里芋の産地で、ずいきも栽培されています。はすいもは、芋を食べないので植えっぱなしで掘り返すこともなく、伸びた茎だけを収穫して使います。

協力＝井上葉子
著作委員＝皆川勝子

撮影／五十嵐公

＜材料＞ 4人分

- きゅうり…200g（2本）
- 塩…小さじ1弱（きゅうりの2％重量）
- はすいも…80g
- 塩…小さじ1/3（はすいもの2％重量）
- ちりめんじゃこ…8g
- 油揚げ…20g
- ごま…小さじ1/2
- 合わせ酢
  - 酢…大さじ2
  - 砂糖…小さじ1と1/2
  - うす口醤油…小さじ1/3

はすいも。「青ずいき」に分類される。直径2～4cmで断面はスポンジ状。軽く、シャキシャキとした食感。味は淡泊で、調味料がよくしみるので、煮物、炒め物などにも使われる

＜つくり方＞

1. きゅうりは斜め薄切りにする。太いものは縦半分に切って斜め薄切りにする。塩をふる。
2. はすいもは皮をはぎ、縦半分に切って細めの斜め切りにする。塩でもみ（写真①）、水で洗いしっかりしぼる。さらに少量の酢（分量外）で酢洗いしてしぼると下味つけとなり、水っぽさがなくなる。
3. 材料を混ぜて合わせ酢をつくる。
4. ごまはから炒りして、包丁で刻んで切りごまにする。ちりめんじゃこもから炒りして、熱いうちに合わせ酢にじゅんとつける。
5. 油揚げはフライパンで色よくから焼きし、短冊切りにして**4**に加える。
6. 水けをよくしぼったきゅうり、はすいもを**5**に加えて混ぜ、切りごまも混ぜる。

〈長崎県〉

はなはじき

諫早《いさはや》市、大村市などに伝わる料理で、もとはお盆や法事などで食べられてきたおもてなしの精進料理でした。ルーツは野菜の和え物で、わさびの葉の辛みで食べていたといわれています。

今では、ゆでた肉やくじらの皮なども使ったボリュームのあるおかずとして、夏から冬にかけて日常的にも食卓に上ります。具は季節の野菜、魚介などなんでも構いません。食べやすいようにゆでたり短冊に切ったり、下ごしらえしてあるので辛子酢味噌をつけるだけで食べられます。その酢味噌が鼻をツーンとはじくくらい辛子がきいていることから、はなはじきといわれています。材料を放射状に盛りつけるのも特徴でしょう。

ここで紹介したレシピはハレの日のもてなし用ですが、諫早地区の学校給食ではシンプルに青菜とねぎ、もやしなどを辛子酢味噌で和えたものが提供されています。給食では子どもたちが食べやすいよう、辛子を少し減らしています。

協力＝毎熊美知恵、加藤秀子、川添敦子
著作委員＝石見百江、冨永美穂子、久木野睦子

＜材料＞5人分

厚揚げ…100g
こんにゃく…125g
きゅうり…50g
さらしクジラ*…150g
鶏ささみ…2本（86g）
さやいんげん…5本（35g）
にんじん…50g
エビ…5尾（150g）
辛子酢味噌
- 味噌**…大さじ4
- 練り辛子…小さじ2
- 砂糖…大さじ4
- 酢…大さじ3
- 酒…大さじ1/2

*クジラの尾羽（おば）や皮を薄く切り、熱湯をかけて脂肪分を除き、冷水にさらしたもの。尾羽毛（おばいけ）と呼ばれることもある。

**昔は麦味噌だったが、近年は米味噌を使うようになった。ここでは米味噌を使っている。

＜つくり方＞

1 厚揚げ、こんにゃくはゆでて幅1cm、長さ5cmの薄い短冊に切る。
2 きゅうりも幅1cm、長さ5cmの薄い短冊に切る。
3 さらしクジラは冷水でよく洗い水をきる。
4 鶏ささみは筋をとり、酒、塩少々（分量外）をふり、皿に入れ、ラップをして蒸し器で5分蒸す。
5 さやいんげんは色よくゆで、斜めに2等分する。
6 にんじんも幅1cm、長さ5cmの薄い短冊に切り、ゆでる。
7 エビは殻をむいて、塩少々（分量外）を加えた熱湯でゆで、縦半分に切り、2枚にする。
8 辛子酢味噌の材料を混ぜ合わせる。
9 **1**〜**7**の材料を放射状に彩りよく盛りつけ、**8**をつけていただく。

◎はなはじきは、慶事では吸い物、煮物、酢の物などと一緒にメイン料理の一つとして食べるが、仏事では小鉢、酢の物など副菜の一つとして食べられている。

撮影／長野陽一

〈岡山県〉

かんぴょうの芯の煮物

県南東部に位置する赤磐《あかいわ》市では、かつてはゆうがおを栽培してかんぴょうをつくっていました。夏、収穫したゆうがおをむいていくと、最後に芯(わた)が残ります。種をはずして切って煮ると、甘味の濃い煮汁がたっぷり出てきて、ふわふわでとろけるようにやわらかくなります。ゆうがおを余すことなく使い切る、夏限定の料理です。現在でも「かんぴょうの芯」として道の駅などで売っています。帰省した方がふるさとの味として懐かしく感じるようです。

60年ほど前に岡山市から嫁入りした方が姑の思い出としてお話ししてくださいました。「当時、ゆうがおの皮むき器は誰もが持っているものではなかったので、隣近所で貸し借りをしながらかんぴょうをつくっていました。姑は最後に残る芯がもったいないと煮物にしていました。初めて食べたときはとても珍しく感じ、とろっとした食感がおいしかったです。今でも夏が来ると姑のことを思い出しながらつくります」。

協力＝杉本睦子、森本登志江、佃郁男
著作委員＝槇尾幸子

撮影／長野陽一

<材料>4人分

かんぴょうの芯(生)…400g
油…大さじ1
砂糖…大さじ1/2
醤油…大さじ1
みりん…大さじ1

<つくり方>

1 かんぴょうの芯は7㎜厚さのいちょう切りにし、スプーンなどで種を除く。
2 油を熱し1を炒める。
3 油が全体に回ったら、砂糖、醤油、みりんを加えて炒め味を含ませる。かんぴょうが半透明になり、あめ色になったらできあがり。

◎かんぴょうの芯から水分が出てくるので、水は入れなくてよい。写真は乾燥品を戻して使用。生を使うと煮汁がしっかり出る。

撮影／戸倉江里

＜材料＞4人分

冬瓜…1kg（可食部500g）
塩…小さじ1
酢…大さじ1と1/2
かぼすのしぼり汁…大さじ1/2
砂糖…大さじ2
カボスの皮…適量
赤唐辛子…適量

＜つくり方＞

1. 冬瓜を縦二つ割りにし、ワタと種をとり除く。
2. 玉じゃくしを使って冬瓜を削りとる（写真①）。
3. 削りとった冬瓜に塩をして、しんなりさせてしばらくおく。水けをしぼる。
4. 3に酢、かぼすのしぼり汁、砂糖を加え、味をつける。
5. 器に盛り、彩りとして刻んだかぼすの皮と輪切りにした赤唐辛子を散らす。

①

冬瓜の酢の物

〈佐賀県〉

県西部の焼き物の町、有田は窯元や職人の町です。窯元は大勢の職人の食事をまかなうのに、八百屋や近隣の農村からの引き売りを利用するだけでなく、簡単な自家用畑を持って野菜の足しにすることもよくありました。栽培が簡単な冬瓜は、夏になるとあちこちの畑に転がっていたそうです。

当時の冬瓜は1個が5kgほどもある大きなものでした。そのままなら保存性はよく、冬までももつのですが、一度包丁を入れると鮮度が急激に下がります。そのため、冬瓜を使うときは大鍋にたっぷりの煮物をつくりました。酢の物はつくりおきできるので、一度にたくさんつくって保存食としました。他にも汁ものや漬物などにもしたそうです。

冬瓜は玉じゃくしで削っていきます。珍しい切り方ですが、こうすると繊維がやわらかくなり味のしみこみもよく、やさしい口当たりになるのだといいます。包丁でスッパリと切ると食感がかたくておいしくないのだそうです。

協力＝二宮辰子、原口恭子
著作委員＝橋本由美子、萱島知子、武富和美

〈沖縄県〉

ナーベーラーンブシー

ナーベーラーはへちまです。県外では、たわしや化粧水に利用されますが、沖縄では開花から約2週間の若い実を食用にします。筋っぽくない品種が栽培され、味噌煮、炒め物、汁ものなどに利用されています。

ンブシーは具をたっぷりにして味噌で煮込んだ汁けの多い煮物です。ナーベーラーンブシーは、へちまと豚肉の味噌煮で、この組み合わせは絶品。へちまから出るとろみのある甘い汁（ドゥージル）が旨みを増し、夏の暑さで食欲が落ちているときにご飯が進みます。このドゥージルを十分に引き出して煮るのがおいしくつくるポイントです。

栽培方法は、棚をつくる棚ナーベーラーと、台風対策のため地面に寝かせる地ナーベーラーがあり、棚ナーベーラーの方がドゥージルが出やすい傾向があり好まれているようです。自家菜園では棚ナーベーラーが多く、夏になると日よけも兼ねたナーベーラー棚に黄色い花と長い実が何本も下がっている風景が見られます。

協力＝嵩西タマ子、西里礼乃
著作委員＝森山克子

＜材料＞ 4人分

ナーベーラー（へちま）
…2〜3本（900g）
島豆腐*…500g
豚三枚肉（バラ肉・スライス）…150g
油…大さじ2
味噌…60g

*他県の一般的な豆腐よりかたく、塩分を含んでいる。

ナーベーラー。上2本は自家用に棚をつくりならせたもの。下は販売用に地ばいで育てたもの

＜つくり方＞

1 ナーベーラーはピーラーで皮をむき、幅1.5cmの斜め切りにする。
2 肉は1cm幅の短冊に切る。
3 フライパンに油を熱し、肉を入れ、脂が出てきたら、ナーベーラーをまんべんなく広げ弱火でしばらく加熱する（写真①）。
4 ナーベーラーからとろみのある半透明な水分（ドゥージル）が出てくるまで熱する（写真②）。
5 適当な大きさに手割りにした豆腐を加えてさらに炒める（写真③）。
6 味噌をナーベーラーから出てきた汁で溶いて加える。全体にとろみが出てくればできあがり（写真④）。

◎とれたての棚ナーベーラーは皮が薄いので、かつては包丁の峰（背）でナーベーラーの皮をこそげとることが多かった。地ナーベーラーは地面に接した部分の皮が厚くなり、包丁でこそげるのには力がいる。

◎ナーベーラーから出てくる汁が少ない場合は、味噌はだし汁（かつお節）で溶いて加える。

撮影／長野陽一

〈沖縄県〉

パパヤーイリチー

熟す前の青いパパイヤを野菜として利用するのは、沖縄県の特徴です。夏は厳しい暑さや台風の襲来で野菜が少なくなるため、パパイヤは貴重な野菜で、パパヤーイリチーはその代表的な食べ方です。パパイヤをイリチー（炒め煮）することでしっとりした食感となり、くせのないパパイヤに豚三枚肉とかつおだしのコクが加わり、シンプルですがしみじみとした深い味わいがあります。

昔はどの家庭でもパパイヤが自家用に育てられていました。昔ほどではありませんが、今もその営みは残っています。宮古島南西部の下地地区で聞いた話では、昭和30年前後のパパヤーイリチーのつくり方は、パパイヤをしりしり器（せん切り器）にかけ、甕《かめ》に保存してあるラードで炒め、その日釣れた魚の焼き身をほぐして入れ、味噌、マース（塩）で調味していたそうです。パパイヤは母乳の出をよくするといわれ、産後の母親には豚肉や鶏肉とパパイヤの汁を飲ませたといいます。

協力＝津嘉山千代、友利康子
著作委員＝我那覇ゆりか、田原美和

＜材料＞4人分

パパイヤ…約1/2個（400g）
豚三枚肉（バラ肉・塊）…150g
にら…約1/3束（40g）
だし汁（かつお節）…1/2～1カップ
塩…小さじ1
醤油…小さじ1
油…大さじ2と1/2

＜つくり方＞

1 三枚肉は丸ごとゆで、中まで火が通ったら冷ましておく。
2 パパイヤは上下を切り落として縦半分に切る。
3 2の種をスプーンでとり除き（写真①）、皮をすべてむく（写真②）。白い果汁が出て手がかゆくなることがあるので水で洗い流すとよい。
4 3をしりしり器（せん切り器）でせん切りにする（写真③）。水につけてアク抜きし、ザルにあげて水けをきる。
5 三枚肉は短冊、にらは3cm長さに切る。
6 フライパンに油を熱し、三枚肉、パパイヤを炒める。油が全体になじんだら、まず1/2カップのだし汁を加えて炒め煮する（写真④）。パパイヤがしんなりとして透明感が出ればよい。かたければだし汁を追加し炒め煮する。
7 塩、醤油を加えて味がなじんだら、にらを加えてひと混ぜし、できあがり。

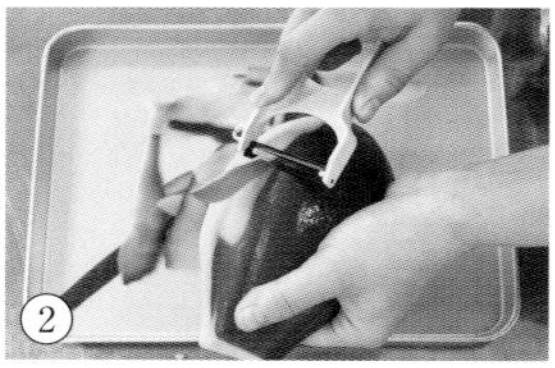

宮古島のパパイヤ料理

お祝いの際には、パパヤーンブサーをつくりました。パパイヤを大きく切り、水煮した小豆、結び昆布をサリィズ（いわしの煮干し）でとっただしで煮つけ、味噌で調味します。サリィズはあぶって頭と内臓、背骨を除いてからだしをとりました。

また、パパイヤの漬物をお茶うけとしました。味噌、あるいは味噌に黒糖を混ぜた床に1週間ほど漬けこみ、パパイヤが琥珀色になるとできあがりです。現在では、宮古島市下地の特産としてさまざまなパパイヤ製品が開発されており、漬物などが販売されています。

昭和30年代宮古島農村地帯の食料事情

ンム（甘藷）、パパイヤ、フクナ（ハルノノゲシ）、トゥルナ（アキノノゲシ）などの葉物、大豆、小豆など、普段食べる野菜はほぼ自給自足でした。魚は近くの海でとりました。ほとんどの家で食用の豚やヤギを飼育していました。ヤギは定期的につぶし、炙られたヤギが天井からぶらさがっていたそうです。ときどき、ナイフで少し切りとってはおやつにしたといいます。

塩は、海水を天日で蒸発させることを繰り返してつくりました。黒砂糖も味噌も自家製です。宮古島の味噌は麦麹でつくります。大きな味噌甕（がめ）は土間に置かれ、味噌甕をいくつ所有するかが、その家の裕福さの尺度でした。

撮影／長野陽一

〈沖縄県〉

ゴーヤーチャンプルー

沖縄料理の中でも最もポピュラーで、県内の学校給食でも食堂でも、必ずといっていいほどメニューにあり、毎日食べても飽きのこない一品です。

チャンプルーは豆腐と一緒に季節の野菜を炒める調理法で、ゴーヤーチャンプルーは夏場の野菜の少ない時期に、食卓にはなくてはならない料理です。ゴーヤーと島豆腐があれば、あとは豚肉、卵など好みのものを加えてよく、栄養豊富で夏バテ防止にもなります。ポーク缶（ランチョンミート）、ツナ缶、コンビーフなど沖縄では日常的に家庭にあるものでつくれる手軽さも助かります。食べごたえのある島豆腐をしっかりこんがりと焼きつけることで香ばしさが増し、おいしくなります。

ゴーヤーの栽培は全県で行なわれています。以前は苦味が強い「中長ゴーヤー」が市場で大半を占めていましたが、つぶつぶが大きく苦味の少ない「あばしゴーヤー」も多くなっています。ほのかな苦味の「白ゴーヤー」なども見られます。

協力＝大嶺桂子、大嶺文子、森山尚子
著作委員＝名嘉裕子、森山克子

撮影／長野陽一

＜材料＞4人分

ゴーヤー…中2本（約500g）
島豆腐*…240g
ポーク缶（ランチョンミート）
…80g
にんじん…20g
卵…3個
塩…小さじ1/2
油…小さじ2＋1

*他県の一般的な豆腐よりかたく、塩分を含んでいる。

＜つくり方＞

1 ゴーヤーは縦半分に切り、スプーンなどで中の種とわたをとって、半月の薄切りにし塩少々（分量外）をふる。
2 にんじんはせん切りにする。ポーク缶は拍子木切りにする。島豆腐はひと口大に切ってペーパータオルなどで水けをふく。
3 フライパンに油小さじ2を熱し、2の島豆腐を入れ全面色よく焼いてとり出す（写真①）。
4 3のフライパンに油小さじ1を足し、ゴーヤー、ポーク缶、にんじんを炒め、塩で味を調える。
5 ゴーヤーがしんなりしたら、3の豆腐を戻し炒め合わせる。
6 卵に塩少々（分量外）を入れて溶き、5に回し入れ全体にからめて仕上げる。

〈熊本県〉

どろりあげ

県内各地で食べられているおかずで、にがごり（にがうり）になすやかぼちゃなど、夏場豊富にとれる野菜を油で炒め、野菜の形が残る程度に軽く煮こんでつくります。水で濃いめに溶いた小麦粉で「どろり」と仕上げることがポイントで、こうすると食べやすくなります。にがごりは昔から体によいといわれており、夏バテしやすい時期によくつくりました。なすと一緒に炒めることでにがごりの苦味がおさえられます。できたてでも、冷めてもおいしいので、一度ににがごり4～5本を使いまとめてつくり、夕食のおかずにしたり、昼食でご飯にかけて食べたりしていました。ちりめんじゃこを加えるのは、よりおいしくする工夫です。

小麦粉を加えて練って仕上げることやこねることから「こねり」と呼ばれたり、「粉を食らう」ので「こくらい」、水溶きの小麦粉をかけるので「粉かけ」など、地域によって呼び名が違います。また、熊本市とその近郊では麦味噌で味つけしますが、それ以外では醤油を使う地域もあります。

協力＝坂本澄子　著作委員＝川上育代

撮影／戸倉江里

＜材料＞4～5人分

にがごり（にがうり）…2本（約500g）
玉ねぎ…1個（約200g）
かぼちゃ…300g
なす…1本（約120g）
ちりめんじゃこ…20g
油…大さじ1
水…適量（ひたひたになるまで）
A
- 麦味噌…100g（材料の10％重量程度）
- 醤油…大さじ1と1/2
- だし汁（かつお節または昆布とかつお節）…大さじ1
- 塩…小さじ1/2

小麦粉（かたくり粉でも可）…50g
水…100～150mℓ

＜つくり方＞

1. にがごりは縦半分に切りタネをとり薄切りにする。玉ねぎはせん切り、かぼちゃとなすは半月切りにする。なすは水につけアクを抜く。
2. フライパンに油を入れ、野菜を炒める。しんなりしたら水をひたひたに入れる。野菜がやわらかくなるまで中火で煮る。
3. Aを加えて、さらにちりめんじゃこを加える。
4. 小麦粉を水で溶く。**3**に加えて混ぜ合わせる。小麦粉に火が通ったら、できあがり。

◎好みで**A**に砂糖を少し加えてもよい。

〈岐阜県〉

十六ささげの味噌和え

木曽川・長良川・揖斐《いび》川の木曽三川が流れる濃尾平野は肥沃な土壌に恵まれ農業がさかんです。その中で本巣《もとす》市では、県の飛騨・美濃伝統野菜に登録されている「千石豆《せんごくまめ》」（岐阜市南部でも栽培）と「十六ささげ」が受け継がれています。どちらも若いさやを食べる豆で、千石豆はさやえんどう型、十六ささげは30～50cmにもなる長いさやいんげん型です。

千石豆は混ぜご飯や味噌和え、ごま和えにすることが多いです。十六ささげはさっとゆでて味噌和えやおひたしで食べるほか、かき揚げやちらしずしの具にもします。

味噌和えには地域の味噌である豆味噌が使われます。若い豆のさわやかな風味と、うま味の濃い豆味噌がよく合い、手軽につくれて満足度の高いおかずです。岐阜圏域では、甘い味噌だれをかけて食べる料理が食卓によく上ります。十六ささげや千石豆の他にも、おでんや豆腐田楽、厚揚げ、ゆでた里芋などにも甘味噌だれをかけます。

協力＝高橋恵子、後藤きみ子、寺町たかゑ
著作委員＝横山真智子

撮影／長野陽一

＜材料＞4人分

十六ささげ…200g
甘味噌だれ
- 豆味噌…40g
- 砂糖…40g
- みりん…15g

＜つくり方＞

1 鍋に甘味噌だれの材料を混ぜ、弱火で加熱しなめらかにする。
2 十六ささげは両端を切り落とし、湯に入れ沸騰後2～3分塩ゆで（分量外）する。ゆであがったら冷水にとる。
3 2を5～6cmの長さに切る。
4 器に盛り、1をかけていただく。

◎好みでごまをかけてもよい。

〈愛知県〉千《せん》石《ごく》豆《まめ》の煮物

千石豆とはフジマメのことで、名前の由来はさやの形が千石船（江戸時代の帆船）に似ているからとも、収穫量が多く千石とれるからともいわれています。花の色が白い白花と赤い赤花があり、濃尾平野では明治時代から白花フジマメが栽培され、大正時代には栽培面積が50ヘクタールに達したとの記録もあります。

ゆでた千石豆の食感は、モロッコいんげんに少し似ています。肉厚で表面がざらっとしているので味がつきやすく、油揚げと煮る以外にも、味噌和えや、だつ芋（茎が少しついた里芋）との炊き合わせ、かきまし（混ぜご飯）に混ぜこむ材料と一緒に煮たり、七夕のそうめんや夏の冷たいにゅうめんの具、お盆にはちくわや鶏肉と煮合わせたりもします。若い世代は千石豆を下ゆでせずにごま油で炒め、味噌や醤油で味を調えて酒のつまみにするそうです。子どもには独特のにおいが好まれず、年をとるとしみじみおいしく感じる食材のひとつだそうです。

協力＝内藤秀子
著作委員＝加藤治美、近藤みゆき

撮影／五十嵐公

＜材料＞ 4人分

千石豆…200g
- 水…4カップ
- 塩…小さじ1

油揚げ…4枚（40g）
だし汁（煮干し）…1カップ
醤油…大さじ2
みりん…大さじ2

千石豆（白花フジマメ）。現在はあまり栽培されていない

＜つくり方＞

1. 千石豆は筋をとり、塩を加えた熱湯で3分ほどゆでる。
2. 油揚げは熱湯2カップ（分量外）程度をかけて油抜きをし、1㎝ほどの幅に切る。
3. だし汁、醤油、みりんを合わせて煮立てた中に、ゆでたての熱い千石豆と油揚げを加え、中火で2分ほど煮る。蓋をしないで色よく仕上げる。

◎下ゆでした千石豆を熱いうちに熱い煮汁に入れて煮ると味がしみこみやすい。

〈東京都〉

そら豆の甘辛煮

5月になると、東京の八百屋には関東近郊で育てられた、そら豆の大きなさやが並び、家庭でもよく食べました。

聞き書きをした中野区の家庭では、出始めで豆がまだ若くてやわらかいときは塩ゆでにし、実が充実しておはぐろの色が黒くなってくる時期の豆は、皮ごと砂糖と醤油で煮て食べたそうです。食べるときは皮ごと口の中に入れ、皮だけを口の中ではずします。汁けがなくなるまで煮ると豆はホクホクし、煮汁が残る程度に煮ると皮と実の間に入っていた煮汁が口の中に広がり、とてもおいしいです。薄味に煮てご飯のおかずにしたり、味を少し濃くして弁当に入れたり、常備菜にしたりしました。

他にも、そら豆ご飯、にんじんや玉ねぎとのかき揚げ、汁の具などにしました。そら豆というと今はビールのおつまみにされますが、昔は毎日ビールを飲む習慣がなく、塩ゆでもおかずでした。房総の親戚からも毎年送られてきて、初夏の味をたっぷり楽しみました。

協力＝飯塚美和子　著作委員＝伊藤美穂

撮影／長野陽一

＜材料＞ 4人分

そら豆…100g（正味）
水、またはだし汁（かつお節）…70mℓ
砂糖…小さじ2（好みで調整）
酒…小さじ1
醤油…小さじ1

＜つくり方＞

1. そら豆はさやから出し、おはぐろ（黒っぽい部分）を包丁で少し削りとる。
2. そら豆を鍋に入れ、豆がかぶるくらいの水（分量外）を入れて加熱し、皮の色が鮮やかになったらすぐにザルにあげる。おはぐろが濃い黒色になっている熟度が進んだ豆の場合は少し長めにゆでる。
3. 2を鍋に戻し、水（だし汁）、砂糖、酒、醤油を加えて煮る。
4. 豆がやわらかくなり、煮汁が少し残っている程度で火を止める。好みで完全に汁けがなくなるまで煮てもよい。

〈大阪府〉

うすいえんどうの卵とじ

うすいえんどう（碓井豌豆）は府が認定する「なにわの伝統野菜」です。むき実用のえんどうで、明治時代に大阪府中部の羽曳野《はびきの》市碓井地区に導入され、改良されたといわれています。さやと豆の色は他の実えんどうよりも淡いですが、甘味と旨みを強く感じます。露地物の旬は短く、3〜4週間です。大阪で生のえんどうといえばこのうすいえんどうが主で、煮物や豆ご飯に使われます。乾燥豆も市販されていて、これは水に戻してから甘煮や甘納豆にします。

卵とじはうすいえんどうの緑と卵の黄色との彩りが春らしい一品で、たっぷりのだし汁でいただくやさしい味のおかずです。豆ご飯のときは米と一緒に入れて炊き上げると、豆の緑色は少しくすみますが、独特の旨みが味わえます。色を鮮やかに残したいときは、米が沸騰してからうすいえんどうを加えます。暖かくなってきたらこの卵とじや豆ご飯は必ず何回かはつくります。

協力＝谷聿子、平田久栄、山本善信・桂子
著作委員＝阪上愛子

撮影／高木あつ子

＜材料＞4人分

うすいえんどう（さやつき）
…400g（むき実200g）
卵…4個
だし汁（昆布とかつお節）…2カップ
うす口醤油…大さじ1
酒…大さじ1と1/3
みりん…大さじ1と1/3
塩…少々（1g）

うすいえんどう

畑で実るうすいえんどう

＜つくり方＞

1 うすいえんどうは使う直前にさやから出す。鍋にだし汁とともに入れ、沸騰後弱火にして5分くらい、豆がほぼやわらかくなるまで煮たら調味料を入れる。
2 再度沸騰させ、2〜3分弱火で煮て、うすいえんどうに味を含ませる。
3 溶き卵を回しかける。卵が半熟の状態で火を止め、余熱で卵に火を通す。
4 煮汁ごと、そっと器に盛る。

ずいき・りゅうきゅう

ずいきは、里芋やその仲間である赤芽芋の茎（葉柄）です。干したものは一年中使いますが、生は夏から秋にかけてが旬。酢の物にすると鮮やかな赤に染まります。はすいもの茎「りゅうきゅう」は酢で赤くはなりませんが、シャキシャキとした食感が夏にさわやかです。

〈埼玉県〉

ずいきの甘酢漬け

ずいきは芋がらとも呼ばれ、八つ頭や唐《とう》の芋《いも》などの里芋の葉柄《ようへい》部分です。甘酢和えには八つ頭のずいきの「赤ずいき」が色も鮮やかでおいしいとされています。早いものでは初夏から収穫されますが、昭和30～40年代には農家が自家用として里芋を栽培し、地域で行なわれていた十日夜《トオカンヤ》（旧暦10月10日の祭事）で甘酢和えがつくられました。もぐら退治と豊作を願っての行事で、子どもが地面にたたきつけるわら鉄砲も、ずいきに稲わらを巻いたものでした。現在でも日高市近隣の毛呂山町《もろやまちょう》箕和田地区・長瀬地区で11月上旬に行なわれており、甘酢和えは十日夜を思い出す、地域のお年寄りにとって忘れられない秋の味になっています。

埼玉県は里芋の収穫量が全国1位（平成30年産農林水産統計データ）で、とくに日高市、所沢市、狭山市などの入間《いるま》地域で多く、ずいきも地元の直売所などで販売されています。旬は夏といわれていますが、この地域では初秋まで長く店頭に並びます。

協力＝日高市食生活改善推進員協議会
著作委員＝木村靖子

撮影／長野陽一

＜材料＞ 4～5人分

ずいき（芋茎）…300g
砂糖…100g
塩…小さじ1
酢…1カップ

＜つくり方＞

1 ずいきは皮をむきながら3cmほどの長さに切り（写真①）、またむいたら3cmほどの長さに切る、を繰り返す。皮は端の部分の皮を指でむき、その皮をまとめて引っぱる（写真②）。
2 1～2%の酢水（分量外）に1時間つけてアクを抜く。
3 沸騰した湯で数分ゆでる（写真③）。ゆで過ぎてやわらかくし過ぎないようにする。
4 ザルにあげてよく水をきる。
5 砂糖、塩、酢を混ぜて甘酢をつくり、4のずいきを漬けて（写真④）冷蔵庫で冷やす。1カ月はもつ。

◎生のずいきはアクが強いので、皮をむく際はビニール手袋をするか、酢水につけながら行なうとよい。

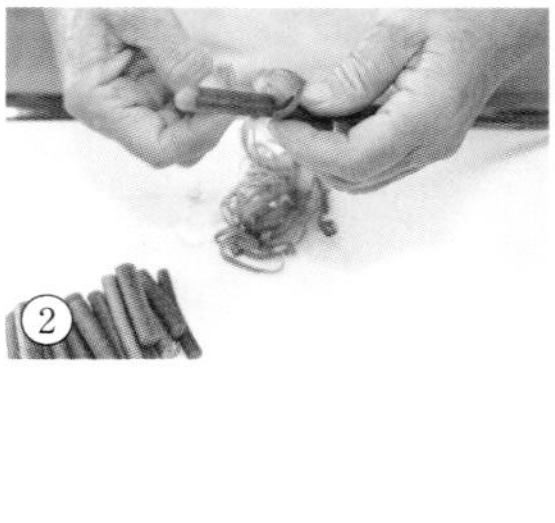

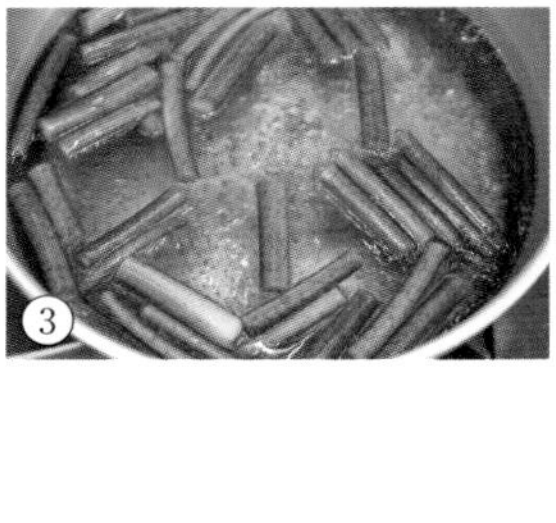

〈徳島県〉

ずきがし

里芋の一種、赤芽芋の茎「ずき(ずいき)」を使った酢の物で、県内各地で食べられている日常のおかずです。阿波弁で浸すことを「かす」といいますが、そこから転じてずきがしと呼ばれるようになったようです。生ではかたいずきも、さっとゆでることでやわらかく口当たりがよくなり、シャキシャキした食感になります。赤紫色のずきはゆでると黒くなりますが、三杯酢に浸すと鮮やかな赤に変わります。三杯酢にはすだちやゆず、ゆこうなどの生酢《きず》(柑橘酢)を使っているので香りがよく、酸味がやわらかく感じられます。

炒めてから生酢に浸すこともありますが、炒めない場合は油揚げを加えるか、だしいり(いりこ)を入れてうま味を出します。さらにごま、練りごま、ごま油などを加えることでコクが出て満足感のあるおかずになります。ずきは乾燥させていもがらにしておくと、ずきがしの他にもおみいさん(雑炊)やかきまぜ(五目ずし)、味噌汁、煮物などに一年中使えます。

協力=新居和、北山明子、加々美清美
著作委員=松下純子、坂井真奈美

＜材料＞ 4人分

生ずいき…2本 (270g)
酢…適量
赤唐辛子…1本 (1g)
┌ 油揚げ…1枚 (13g)
│ 砂糖、酒、みりん、水…各大さじ1
└ うす口醤油…大さじ1/2
三杯酢
┌ 砂糖…大さじ2
│ うす口醤油…小さじ2
└ 酢…小さじ2と1/2
すだち酢 (すだちのしぼり汁)
…大さじ2
白ごま…大さじ4
練りごま…大さじ1/3

赤芽芋の茎 (ずき)。芋は食べず、ずきだけ収穫する場合と、ずきと芋を両方収穫する場合がある。収穫は8月頃でまだ芋は小さい

撮影／長野陽一

＜つくり方＞

1 生ずいきは洗って皮をむき、5cmの長さに切る。あるいは5cmの長さに手で折りながら皮をむき、酢水につける。手に酢をつけて扱うとかゆくなりにくい。
2 水けをきり、種を除いた唐辛子の小口切りを入れた湯で2〜3分間ゆでる。水にとりザルにあげ、手でしぼって水けをとる。ゆで過ぎると食感が悪くなるので注意する。
3 油揚げを縦半分に切って細切りにし、調味料で煮て下味をつけ、冷ます。
4 三杯酢にすだち酢、ごま、練りごまを合わせ、**2**のずいきと**3**の油揚げを和えて器に盛る。

◎干しずいきでもつくれる。手でもみ洗いしたあと、水に浸して戻し、水が茶色にならなくなるまでもむ。5cmの長さに切り、やわらかくゆでて使う。

〈徳島県〉

はすと太刀魚《たちうお》の酢の物

ここでいう「はす」は里芋の近縁種はすいものこと。葉柄の切り口にれんこんのようにたくさん穴が空いていることからこう呼ばれます。使うのは芋ではなく葉柄のみ。スポンジのような細かな穴があるので、食べるとシャキシャキとした食感です。

7月から9月のはすの収穫期になると県南部では味噌汁や刺身のつま、サラダや炒め物、和え物、煮物、天ぷらなどさまざまな料理にはすを使います。とくに、酢の物はお盆や夏祭り、酒宴には欠かせません。ハレの日は太刀魚などの酢じめの魚を入れますが、普段はいりこです。はす自体にはそこまで味がないので、魚と合わせることでうま味のある酢の物になります。すだちやゆこう（ゆずの自然交配種）、ゆずのしぼり汁（生酢《きず》）を使うと香りがよく喜ばれます。他にもきゅうりや椎茸の焼いたもの、にんじんのせん切り、みょうがや青じそ、しょうがなどの薬味やごまなどの具材を入れて楽しみます。

協力＝新居和、北山明子、加々美清美
著作委員＝松下純子、坂井真奈美

撮影／長野陽一

＜材料＞ 4人分

- はすいもの茎（葉柄）…大1.5本（350g）
- 塩…小さじ1

- タチウオ…1/4尾（90g）
- 塩…小さじ1/4
- ゆこう*酢（ゆこうのしぼり汁）…大さじ1と1/2
- ゆず酢（ゆずのしぼり汁）…大さじ1

合わせ酢
- 砂糖…大さじ3と1/3
- うす口醤油…大さじ1と2/3
- 酢…大さじ2
- ゆず酢…大さじ1

白すりごま…20g
みょうが…1.5個（15g）
青じそ…1枚

*県内の山間部で栽培されているカンキツで、「香りゆず、酸味すだち、味ゆこう」といわれる。

はす（りゅうきゅう）。赤芽芋の茎（ずき）にも似ているが、はすはアクが少ないので生で使うことができる

＜つくり方＞

1. はすいもの茎は皮をむき、縦に切って斜めに5mm程度の厚さに切り、水につける。
2. 水をきり、塩をふってしばらくおき、しんなりしたら力を加えてもみ、水洗いしてしぼる。
3. タチウオは三枚におろし、7〜8mm厚さの斜めに切る。
4. 3に塩をふり30分おき、ゆこう酢とゆず酢を加えて15分おく。
5. 合わせ酢をつくる。
6. 2のはすいもと、水けをきったタチウオを合わせ、合わせ酢とすりごまを加えて和え、器に盛る。
7. 細く切ったみょうがをのせ、青じそのせん切りを天盛りにする。

〈高知県〉

りゅうきゅうの酢の物

高知は酢の消費量が全国1位だったこともあるほど、すしや酢の物を好む県です。その代表的な料理がりゅうきゅうの酢の物です。りゅうきゅうは里芋の仲間「りゅうきゅう芋」の茎のこと。以前は、芋を植えている家では、毎年出てくる茎を外側から順にかきとりながらひと夏に何度も収穫しました。懐石料理では「はすいも」と呼ばれ高級食材として使われていますが、高知では夏から秋にかけて日常的によく食べる野菜です。

りゅうきゅうのよさはなんといってもその食感です。塩もみするとしんなりしますが、かみしめるとシャキシャキ、シャクシャクと心地良い歯ごたえがあり、食べ飽きしません。ゆず酢の香る酢の物にするとさわやかで、暑い盛りにも好まれました。高知の酢の物は甘さ控えめで酸味がきいているのが特徴です。西の県境を愛媛側にまたいだだけで酢の物がずいぶん甘いので驚いたといいます。りゅうきゅうは魚の酢じめと合わせるのが定番で、おきゃく（宴会料理）の一品としてもよく出されました。

協力＝池田登子　著作委員＝福留奈美

<材料> 4人分

りゅうきゅう…中1本（約300g）
タチウオの身…50g（10cm幅の片身2枚分）
合わせ酢
- 酢…大さじ1と1/2
- ゆず酢（しぼり汁）…大さじ1と1/2
- 砂糖…大さじ1
- 醤油…小さじ1/3

青じそ…2〜3枚

◎魚はアジやカマスを使うことも多い。

◎酢がきいた(酸味の強い)割合なので、砂糖の量は好みで加減する。

高知市内の日曜市で売られているりゅうきゅう。長い1本売りのものと、切ったものが並ぶ

<つくり方>

1 刺身にできる鮮度のよい魚の切り身に、塩1%程度（分量外）をふって塩じめにする。
2 りゅうきゅうの皮をむき、ささがきの要領で大きめにそぎ、水に20分ほどさらす（写真①）。
3 りゅうきゅうの水をきり、塩2%程度（分量外）をふって10分おく。
4 しんなりするまでもみ、1/3程度になるように水けをしぼる（写真②）。
5 合わせ酢をつくり、塩じめにした1の魚を細切りにして漬けこみ、5分ほどおく。
6 青じそをせん切りにする。
7 りゅうきゅうと青じそを5で和える。

◎りゅうきゅうは塩でもまずに熱湯に通す方法もある。切ってから熱湯に入れ、鮮明な緑色になったら水にとり、しぼる。

りゅうきゅうは酢の物以外にも、刺身のけんにしたり、つがに汁（写真左）や、山菜ずし（写真中）にも使う。かつおの季節と重なるため、かつおのたたきや新子（そうだがつおの幼魚）の刺身（写真右）にも添えることがある

撮影／長野陽一

季節を告げる山菜・野菜
春夏に食べたい家庭の味

本書に掲載された野菜料理87品を比較すると、地域特有の食べ方や、隣接した地域の類似性、野菜と相性のよい食材などが見えてきます。レシピを読んで、つくって、食べるときに注目すると面白い、そんな視点を紹介します。

●季節感豊かだった日本の食卓

春の訪れをいち早く告げる秋田のふきのとうばっけ味噌（p22）に、春を待ちわびて収穫するという静岡のふき（p20）は、ふきそのものを味わうシンプルな煮つけにします。宮崎の海沿いでは2月から4月にかけて新芽を出し始めるつわぶきの茎を生節ときんぴらにします（p24）。各地のたけのこやわらびの料理、千葉の菜の花のごま和え（p64）は暖かくなった春の竹林や野の風景を思わせるものです。

5月になると早熟の緑の豆やさやを野菜として食べる豆類が出てきて、東京ではそら豆の甘辛煮（p108）を、大阪ではうすいえんどうの卵とじ（p109）をつくったそうです。

夏本番の7～8月には、きゅうり、なす、しそなどをふんだんに使った夏野菜料理がつくられます。緑のカーテンで知られるゴーヤーは、今では全国区になりましたが、昭和の半ばにはまだ、沖縄のゴーヤーチャンプルー（p104）や熊本のどろりあげ（p105）など、主に九州・沖縄の食卓でみられる野菜でした。

夏から秋にかけてはずいきやりゅうきゅう（はすいもの茎）が食べられ（写真①、②も参照）、埼玉のずいきの甘酢漬け（p111）は夏からつくり続けて11月まで食べるというように、秋の味に続いていきます。本シリーズでは『野菜のおかず 秋から冬』でもずいきの料理を紹介しています。

促成栽培や水耕栽培の発達により野菜の周年化が進み、年中買える野菜が増えた半面、季節を感じることが少なくなりました。本書の春から夏にかけての山菜・野菜のレシピをみると、かつての日本の食卓に季節感があふれていたことがわかります。

●山菜・野菜と相性のよい食材

山菜や野菜をおいしく食べる工夫がたくさん紹介されています。主な手法として次の3種が多くみられます。

①うま味のある動物性の食品と合わせる

たけのこと合わせるのは福井の身欠きにしん（p12）、山梨の煮干し（p13）、佐賀の皮くじら（p17）などです。わけぎの酢味噌和えに滋賀ではしじみ（p55）、広島ではたこ（p56）、香川ではまて貝（p57）、愛媛ではとり貝（p58）を合わせます。きゅうりに干しえびを合わせる山口の酢の物（p94）や、豚肉とへちま（p100）や青いパパイヤ（p102）を合わせる沖縄の炒め物もそうした組み合わせです。

②種実類の香りと油脂分を加える

岩手ではほろ苦いこごみに、コクと甘味で相性のよい鬼ぐるみを合わせます（p31）。群馬では、こごみはごまで和えることが多いそ

宮崎・川南町にて。はすいもを畑の隅に植えておくと、毎年はすがら（りゅうきゅうと同じ）が顔を出す。初夏から秋まで、株の外側から切りとってつかう。（協力・長野タマ子、長野峯子／著作委員・長野宏子、篠原久枝）（撮影／高木あつ子）

はすがらなます（レシピ掲載なし）。徳島と高知では太刀魚と和えるが、ここではアジと和える。はすがらは味噌汁の具や、大きめにそぎ切りにして炒めてもおいしい。（同右）

うですが、片品村だけはえごまで食べるといいます（p35）。こごみが山と盛られた盛りつけが印象的です。神奈川のねぎぬた（p54）は、干した生落花生を炒ってすって和えたもので、香ばしい香りが漂ってきそうです。

③山椒やしそなどの香味野菜を合わせる

京都の木の芽とたけのこ（p14）の組み合わせは、たけのこの収穫時に竹林に自生する山椒の木からとれる木の芽を利用したもので、まさにその時期ならではの自然の贈り物といえるでしょう。

青森では、なすを赤じそで巻いて蒸し焼きにするしそ巻き（p78）や、なすとしそを味噌で炒めるなす味噌など、なすとしその組み合わせが定番です。

●食感を楽しむ山菜・野菜

心地よい歯ごたえや歯ざわり、独特の粘り気など食感のよさをあげるレシピがたくさんでてきます。ご飯ものや肉・魚の巻ではそれほど使われていない食感の表現（テクスチャー用語）が、おいしさの表現として多く使われるのは野菜料理の特徴といえるでしょう。

シャキシャキのものはたくさんあり、宮崎のつわぶき（p24）では、山でとる「山つわ」は佃煮にするとシャキシャキ感が強くておいしく、畑で育てた「つくりつわ」を使うときはわざと皮をむかずに歯ごたえよく仕上げるなどの工夫がみられます。岡山の滝みずな（p43）は、他県ではみず、水ふきなどと呼ばれるウワバミソウのことで、軸の部分はシャキシャキで、醤油漬けにする実はプチプチと噛んだあとには粘り気を感じる独特の食感を持ちます。徳島の生ずいきを使ったずきがし（p112）も噛みしめるたびにシャキシャキと心地よい音が食卓に響いている様子が思い浮かびます。

また、根曲がり竹（青森p6）や干したけのこ（福岡p16）はコリコリ食感、わらびたたき（山形p32）はトロトロ食感が持ち味です。

野菜料理や漬物などの野菜の加工品の食感を表すテクスチャー用語には、シャキシャキ、パリパリ、サクサクなど軽い歯ざわりと歯切れのよさを表す語と、カリカリ、コリコリ、ポリポリ、ガリガリ、バリバリなど主に歯ごたえを表す語がよく使われます。英語ではｃｒｉｓｐｙ、またはｃｒｕｎｃｈｙと訳すことが多いのですが、日本語が微妙な食感の違いを多様なオノマトペ（擬音語・擬態語）で表現し分けていることがわかります。日本人がおいしさを評価するときに、食感を重要視していることの表れだといえるでしょう。

●手間を惜しまずとる・つくる・保存する

春の訪れとともに、一気にはえてくる山菜たち。その勢いは、大地のエネルギーと春の喜びを食卓に運びます。そして、鮮度のよい短期間に処理を要する台所仕事はたいそう忙しいものになりました。

青森ではたけのこは水煮にしてビン詰や缶詰にする（p6）、秋田ではわらび、みず、しどけ、あいこなどの豊富な山菜を塩漬けやビン詰、缶詰にして年中使っている（p8）という話が出てきます。鳥取の山菜塩漬けの煮物（p44）は、かつては乾燥品を煮ていたのが戦後になって塩漬けにして使うようになったもので、よりおいしくできる方法をとり入れて家庭料理も進化してきたことがわかります。

栃木の山ぶきのきゃらぶき（p23）は、山菜とりが好きな人からもらってキロ単位でつくるといいます。秋田のぜんまいの一本煮（p34）は、とってくるのも乾燥させるのも手間ひまかけて戻すのも大変ですが、一本を姿のままで調理することの贅沢感や満足感も含めてのごちそう感があります。

北海道の行者にんにくの卵とじ（p30）は、おいしいだけでなく春の山に入って山菜をとることそのものが楽しいのだとか。ただし熊に出会わないように鈴をつけて行くといい、そうまでしても行きたくなるようです。山梨（p13）でも、根曲がり竹がとれるのは熊がいる場所と同じなので気をつけて行くとのこと。福井の水ふきの煮物（p39）では、毎年同じような顔合わせでワイワイとりに行くのが楽しい恒例行事だとあります。山菜とりが、単なる食料採取以上の季節行事として位置づけられていることがわかります。

本書では、アク成分を除去したり、かたい皮をむいたり、地域ならではの山菜・野菜の下処理法を紹介しています。富山（p38）では、こごみを大鍋でゆったりと煮て、もんでは広げることを繰り返して干します。こうすることでやわらかくてよい食感に戻る干しこごみになります。徳島のくさぎ菜（p46）は、アクが強く苦味が強いため、ゆでたあと、川の水で1日さらしてから乾燥して保存したそうです。

　山菜の下処理は、根曲がり竹、わらび（秋田p9）、つわぶき（宮崎p24）、わらび（山形p32、鳥取p44）、いたどり（和歌山p42、高知p48）なども参考にしてください。

●もったいない以上に、おいしいから

　福島のしそ巻き（p62）は、青唐辛子を漬けた味噌床に落花生やくるみ、ごまなどの種実類を加えてリメイクしたものを使います。味噌のうま味は落ちていても、ほどよい辛みが移った味噌床を無駄にしないだけでなく、食べておいしいからこそ今でもつくり伝えられているのでしょう。

　岡山のかんぴょうの芯の煮物（p98）は、かんぴょう（ユウガオ）を削ったあとに残るふわふわの芯を煮物にして食べきります。姑さんはもったいないからといいながらつくったそうですが、嫁入りした方は初めて食べておいしくてびっくりしたそうです。佐賀の冬瓜の酢の物（p99）は、大きな冬瓜を食べきるために日持ちのよい酢の物にしたものですし、京都では、大きく育ったきゅうりは油揚げと炊く（p92）ことでたっぷり食べられます（写真③、④も参照）。無駄なく食べる心がけは、おいしく食べる工夫があってこそ伝わることがわかります。

●しゃれた名称、面白いネーミング

　食材・料理名に面白い呼び名を見つけました。和歌山でタデ科のいたどりを呼ぶ「ごんぱち」（p42）は、野山に居候するという意味で権八から来ているそうです。

　東京の伊豆諸島で天ぷらやおひたしにして食べるという明日葉（p65）は、今日葉を摘んでも明日また葉がはえるからという縁起のよい名づけであることを知りました。語源を知ることで、親しみを感じ、食材の見方が変化する気がします。

　熊本のたけのこのひこずり（p18）は、ひっこする（強くこする）、ひきずるように油で炒めるという調理の工程が名前になったものです。宮崎では3月下旬から6月までさまざまなたけのこがとれ、その名もいろいろ。それらをおいしく食べる調理法のひとつとしてたけのこん天ぷら（p19）が紹介されていました。「たけのこの」と呼ぶのが「たけのこん」と料理名になったもので、地元の方々が親しみを込めてそう呼ぶ声が聞こえてきそうです。

　青森のみずの水もの（p28）は、昆布水にゆでたみず（ウワバミソウ）とアワビやホヤなど磯の香りのする魚介をひたした汁も一緒に味わう料理。冷たいだし汁につけた状態を「水もの」と呼ぶ、なかなかにしゃれた名称です。

　熊本のわけぎの一種ひともじを酢味噌でいただくひともじのぐるぐる（p59）と、佐賀でのびるを皮くじらと美しく盛りつけて辛子酢味噌でいただくのびるのぐるぐる巻き（p60）は、調理工程と見た目によるネーミングです。岩手のうこぎのほろほろ（p31）は、うこぎの新芽をさっとゆでて細かく刻んで鬼ぐるみや大根味噌漬けと合わせたほろほろのふりかけで、見た目と食感の両方の状態をオノマトペで表した料理名です。

　オランダという語が二つの料理名（石川p86、大分p90）で見られましたが語源は違います。呼称だけで判断せず、地域での言い伝えや解釈も合わせて知ることの重要性を感じます。

黄色い2本は畑でとり残し、熟しすぎた「太きゅうり」。佐賀・有田町ではこれも大切な食材として活用した。（協力・西山美穂子、二宮辰子／著作委員・橋本由美子）（撮影／戸倉江里）

太きゅうりと皮くじらの味噌炊き（レシピ掲載なし）。熟したきゅうりはねっとりとした食感になり、皮くじらと味噌炒めにするとくじらの脂とコクが加わり、濃厚な味わいに。（同上）

●部位別に見る食べ方

多くの植物は、春に新芽を出し、葉を茂らせ、茎を伸ばして開花します。夏には結実して熟し、秋から冬にかけては種も成熟し、大地に根を張り、根や茎に養分をためこむものは芋になります。山菜や野菜の食べ方を、このような植物の成長過程と照らし合わせて見てみましょう。

山菜・野草類は新芽を食べ、花菜類の菜の花はつぼみを食べます。独特の苦味やえぐみはあっても、やわらかで食べやすいため鹿などの食害にあうことも多い部位です。

群馬県の山菜の天ぷら（p36）は、春の芽吹きの時期だけのごちそうで、奈良県のよもぎのおひたし（p41）は、苦味やえぐみが強くなる前の新芽のやわらかな部分だけを使ったもの。埼玉県の中山間部で早春にとるふきのとう、こごみ、せり、のびるやわらび、たけのこなど、旬の山菜と野菜の天ぷら（p37）は戦後に油脂をよく使うようになってからのハレの日のごちそうでした。

春から夏にかけての葉菜類は、葉が成長してかたくアクも強くなるため、加熱処理や刻むなどの工夫が必要です。石川のてんばおくもじや金時草の酢の物（p68、69）、広島と香川のちしゃもみ（p70、71）、佐賀の高菜とくじらの煮しめ（p72）、熊本の菜焼き（p73）などでそうした調理法がみられます（写真⑤、⑥も参照）。

なすやうりなどの果菜類は、水分をたっぷり含んでいます。暑い夏に植物自体が水分を求め、日照りが続いても大切な種を守っているようです。その命の営みを人間も利用し、汗をかき脱水した体には果菜類の水分がしみわたっていきます。熱のこもった体を冷ましてくれる作用もあり、新潟では毎日がなす尽くしだったという話も出てきます（p84）。なすやきゅうりを生のまま刻み、香味野菜と和えた山形の「だし」（p82）や長野の「やたら」（p87）はさっぱりとしてご飯がすすむ夏の味です。

●伝統野菜の継承と変化

京野の伏見とうがらし（p91）、石川の金時草（p69）とてんば（p68）、飛騨・美濃伝統野菜の沢あざみ（p40）と千石豆・十六ささげ（p106）、なにわの伝統野菜であるうすいえんどう（p109）など、古くから栽培されている地域の伝統野菜のレシピもあります。

愛知の千石豆（p107）は、明治時代から栽培されていて、煮物や混ぜご飯、炒め物などさまざまに調理され親しまれています。一方、江戸時代から栽培されている富山のどっこきゅうり（p93）は、主に煮物用として重宝されてきましたが、今では品種改良をして生食もできる高岡どっこが人気なのだそうです。

長崎のはなはじき（p96）は、美しく盛りつけられたハレの日の料理として伝承され、今は学校給食でも出されています。一方、高知の浜あざみ（p47）は、室戸岬の海岸でとっていたものが、砂地の減少などで少なくなり、最近では栽培されるようになっています。特産品にしようという動きもあり、いずれは給食で出されるようになるかもしれません。

かつて家庭に欠かせなかったこれらの味が、食材の組み合わせや食べ方など、現代でもおいしく食べられるように形を変えることもありながら、次の世代に継承されていくことを願います。

（福留奈美）

京都のきごしょう（葉とうがらし）。元来は、とうがらしの実を収穫したあとに、もったいないので葉っぱも佃煮にしていたが、葉を食べるために品種改良し、加熱すると辛みやえぐみが消える「京唐菜（きょうとうな）」も登場した。（著作委員・河野篤子）（撮影／高木あつ子）

きごしょうの炊いたん（レシピ掲載なし）。きごしょうとちりめんじゃこを甘辛く炒め、ごまを散らす。きごしょうの軽いさわやかな苦味が蒸し暑い夏に後口をスッキリさせてくれる。（同上）

調理科学の目 1

五感で味わう春から夏の野菜・山菜

大越ひろ（日本女子大学名誉教授）

私たちは嗅覚、視覚、触覚、聴覚、味覚という五感を使って食物を味わいます。たとえば野菜は天然の美しい色や独特な芳香を持っているので、料理の色彩を豊かにし、風味を増すことで食欲増進につながります。ここでは、春から夏にかけての野菜や山菜をおいしく味わう方法を、五感との関係で見てみましょう。

●よい香りは心身に効く【嗅覚】

野菜には特有の芳香を有するものが多く、香味野菜と呼ばれます。ネギ、タマネギ、ニラ、ニンニク、パセリ、セロリ、ショウガ、ミョウガ、シソ、ミツバなどです。これらの野菜は素材そのものの香りを賞味するだけでなく、料理に添えることによって風味を引き立てたり、不快な香りをマスキング（包み込み）するのに用いられてきました。

香味野菜の香り成分の主なものは、細胞中に存在するアルコール類、エステル類、含硫化合物などです。そのため、すりおろしたり切ることで細胞を破り、香りを強く感じられるようにすることが多いです。

シソの香り成分はペリルアルデヒドという成分で、リラックス効果と抗菌作用、さらには食欲増進作用があります。

ミョウガの香り成分にはα-ピネンが含まれていて、血行を良くする働きがあります。また、カンフェンという物質も含まれており、抗菌や抗炎症作用があるといわれています。

長ネギにはアリシンが含まれていて血液の循環を良くし、体を温めたり発汗を促してくれます。疲労回復、新陳代謝の活性化、血栓の予防、風邪の予防などにも効果的だといわれます。また、青ネギ特有の成分ネギオールは殺菌作用や発汗・解熱の促進作用があり、風邪をひいたときにも有効とされます。

●自然の色を鮮やかに【視覚】

野菜の美しい色は料理に彩りを添え、食欲を増進させる効果があります。しかし、加熱や調味により素材のもともとの色が褪《あ》せてしまうことがあり、それを鮮やかに保つ技法も伝承されています。

野菜の鮮やかな緑色は、クロロフィル（葉緑素）によるものです。クロロフィルは水には溶けませんが、長時間の加熱や酸の影響を受けます。煮たりゆでたり、酢の物にしたりすると、フェオフィチンという物質に変化して黄褐色になってしまいます。しかし、熱湯に短時間通すブランチング処理（湯通し）であれば、クロロフィルの一部が分解してクロロフィリドという物質になって安定することで、鮮やかな緑色が保たれます。

また、ワラビ、ヨモギなどの山菜はアクを除くために木灰や重曹などのアルカリ性溶液中で加熱します。このときクロロフィルがクロロフィリンとなり緑色が鮮やかになり、しかも早くやわらかくなります。

アントシアニンは、赤、青、紫色の色素で、酸性液の中で鮮やかな赤色を示します。本書では、石川県の金時草（p69）や埼玉県の赤ずいき（p111）、徳島県のズキ（p112）などは酢の物として、赤紫あるいはピンク色に発色させて料理に華やかさを添えています。

ナスのアントシアニン（ナスニン）は不安定な色素ですぐに退色してしまいます。煮物の場合は、鉄製の鍋で煮たり、鉄くぎを入れて煮ると、鉄イオンとナスニンがキレート化合物をつくり、青や暗緑の安定した色になります。アルミニウムの鍋でも同様な効果が得られます。また、揚げ物では100℃以上で加熱することでナスニンは安定し、しかも油でコーティングされるので、鮮やかな紫色が保たれます。ぬか漬けでは鉄くぎをぬか床に入れたり、みょうばん（アルミニウム化合物）をナスにすりつけることで色が安定します。

赤や黄の暖色系や、中間色の黄緑や緑は食欲を増進させ、青や紫の寒色系は食欲を減退させるといわれます。しかし私たちはナスの紫や黒豆の黒もおいしそうな色として認識しています。そこにはつや・照りといった要素も関連しているかもしれません。いずれにしても視覚はおいしさの重要な要素になっています。

●噛みごたえとおいしさ【触覚】

フキやミズ、ズイキなど噛みごたえのある食材の食感をシャキシャキ、コリコリといったオノマトペ（擬音語・擬態語）で表現する例が多くみられました。歯ざわりや歯ごたえ、舌触りなど食べたときの触覚による感覚（食感）を表す言葉をテクスチャー用語と呼びます。中国語やフランス語に比べて日本語にはより多くのテクスチャー用語があり、その7割がオノマトペであることは興味深いことです（※1）。

●食べるときの音とおいしさ【聴覚】

噛むときに聞こえる咀嚼《そしゃく》音には、顎からの骨伝導を内耳でとらえる本人にしか聞こえない音と、外耳でとらえる音の2種類があります。根曲がり竹を噛むときには、食べている当人は触覚による歯ごたえとともに内耳でとらえる咀嚼音を合わせて感じており、それを日本語ではコリコリ、英語ならばcrunchyと表現するわけです。野菜料理をシャキシャキと音を立てて食べている人がいると、その音を周囲の人も外耳でとらえ、おいしそうに感じて食べたくなることがあります。おいしさにとって、これらの咀嚼音も大きな要素のひとつだといえます。

●アク抜きの化学【味覚】

山菜や野草にはアクがあるものが多いので、料理するときにはアクを抜く必要があります。アクは苦味や渋み、えぐみなどと表現されます。表（※2）に示すように、苦味の成分としてはカテキンやクロロゲン酸などがあり、フキの苦味が代表的なものです。フキは熱湯でゆでると、アク成分が水に溶け出てきます。

タケノコは収穫直後はアクがほとんどなく、生でも食べることができますが、時間がたつとホモゲンチジン酸やシュウ酸などのえぐみが増加するので、米のとぎ汁などでゆでる必要があります。水だけでゆでても、えぐみ成分はなかなか抜けませんが、米のとぎ汁に含まれているデンプンがえぐみ成分を吸着し、水に溶け出てくるためです。

ワラビは昔から、そのままでは人や家畜に毒性があることが知られ、木灰などを入れたアルカリ性の熱湯に丸一日つけてアク抜きをしてきました。これはアクの成分であるプタキロサイドがアルカリ性の熱湯の中でジエノンに変化し、水にさらされて流出しているのです。このアク成分に発がん性があることも明らかとなっており（※3）、伝統的な処理法の合理性が確認されています。

山菜はアクを抜きますが、ある程度の苦味やえぐみが残っている方が好まれるようです。苦味やえぐみは閾値《いきち》が低く、ごく微量でも感知します。アクは多いと食用に適しませんが、ごくわずかであれば味にメリハリ（刺激）を与え、おいしさを引き立てるのかもしれません。

春から夏にかけてよく食べられている野菜類は、彩りや香りなどで食卓を豊かにする効果があります。五感でおいしさを感じる心の栄養のためにも積極的に活用したいものです。

【※1】早川文代他「日本語テクスチャー用語の収集」『日本食品科学工学会誌』第52巻8号（2005年）
【※2】日本フードスペシャリスト協会編『調理学　第2版』（建帛社）（2020年）
【※3】山田静之、木越英夫「わらびの究極発癌物質の合成およびDNAとの反応」『有機合成化学協会誌』第53巻1号（1995年）

野菜のアク成分とその除去方法

	食品	アク成分	アクの除去方法
苦味	フキ	カテキン・クロロゲン酸・サポニン	熱湯でゆで、水にさらす
えぐみ	ホウレンソウ 春菊	シュウ酸とその塩類・カリ塩	同上
	ゼンマイ ワラビ	プタキロサイド（発がん性）	木灰あるいは重曹を加えた熱湯でゆでる
	タケノコ	ホモゲンチジン酸・シュウ酸	米のとぎ汁（小麦粉あるいは米ぬかを加えてもよい）でゆでる
	ダイコン カリフラワー	シュウ酸	米のとぎ汁（小麦粉を加えてもよい）でゆでる
渋み	柿	シブオール	アルコールを噴霧し密封放置し、シブオールを不活性化する

※2を一部改変

調理科学の目2

野菜の抗酸化性を生かす食べ方

高村仁知（奈良女子大学教授）

野菜の抗酸化成分

種類	例	溶解性	多く含む野菜
抗酸化ビタミン	ビタミンC（アスコルビン酸）	水溶性	多くの野菜（特に葉物野菜、トウガラシ類）
	ビタミンE（トコフェロール）	脂溶性	大豆、ゴマなど
ポリフェノール	アントシアニン、フラボノイド、クロロゲン酸など	水溶性	ナスなど（アントシアニン）、多くの野菜（フラボノイド、クロロゲン酸など）
カロテノイド	β-カロテン、リコペンなど	脂溶性	緑黄色野菜（β-カロテン）、トマト（リコペン）など

野菜は目で見て楽しみ、鼻で香りをかいで楽しみ、舌で味わって楽しむことができる食物です。また、栄養成分としてビタミンやミネラルが豊富で、食物繊維も多く含んでいます。さらに、最近の研究で、野菜にはさまざまな抗酸化成分も含まれ、健康維持に役立っていることが知られてきました。

野菜の自己防衛力をいただく

私たちの体内では、呼吸で得られた酸素の一部が活性酸素に変化します。また、紫外線を浴びると皮膚で活性酸素が生成します。活性酸素には、細菌やウイルスなどの生体異物を分解する役割がありますが、過剰に生成した活性酸素は細胞や遺伝子を傷つけ、がん、老化、生活習慣病などの原因となっています。これに対し、抗酸化成分は、活性酸素を分解することで健康の維持に役立っていることが知られています。

野菜の抗酸化成分は、いくつかのグループに分けられます（表）。一つ目は抗酸化ビタミンと呼ばれる成分で、ビタミンC（アスコルビン酸）、ビタミンE（トコフェロール）があげられます。

二つ目はポリフェノールと呼ばれる成分です。アントシアニンやフラボノイドなどの色素もポリフェノールの一種です。

三つ目はカロテノイドと呼ばれる成分です。カロテノイドはほとんどが色素で、β-カロテンやリコペンなどがあります。β-カロテンは、体内でビタミンAに変化することも知られています。

じつは、太陽の紫外線を浴び続けている植物自身が、抗酸化成分をつくり出すことで、活性酸素の害を防いでいます。ポリフェノールやカロテノイドは紫外線を吸収します。それでもできてしまった活性酸素は、さまざまな抗酸化成分の働きで分解します。われわれ人間は、野菜や果物を食べることで、そのおすそわけをいただいているのです。

蒸したり炒めたりが効果的

では、抗酸化成分は、どのような野菜に多く含まれているのでしょうか？

抗酸化ビタミンのビタミンCは多くの野菜に含まれていますが、葉物野菜やピーマン、パプリカなどのトウガラシ類に多いようです。ポリフェノールのうち、アントシアニンはナスなどに、フラボノイドはタマネギなどのネギ類に多く含まれています。カロテノイドであるβ-カロテンの多い野菜は緑黄色野菜と呼ばれます。β-カロテンは橙《だいだい》色なのですが、多くの野菜では葉緑素（クロロフィル）の緑色に隠れて見えなくなっています。同じくカロテノイドのリコペンはトマトなどに多く含まれています。

これらの成分を効率的に摂取するためには、ちょっとした工夫が必要です。生野菜として食べるのもおいしいのですが、加熱するとしんなりして、かさが減るため、たくさん食べることができます。また、細胞壁が軟化するので、消化吸収もよくなります。しかし、野菜をゆでると、水に溶けやすいビタミンCやポリフェノールが溶け出してしまいます。これを防ぐためには、蒸したり、電子レンジで加熱したりするか、スープのように煮汁と一緒に食べる料理にするのが適しています。また、ビタミンEやカロテノイドは脂溶性で加熱に強いため、油で炒めたり揚げたりすると効率よく摂取できます。

都道府県別　掲載レシピ一覧

●1つが掲載した料理1項目を表します。

北海道
行者にんにくの卵とじ…p30
野菜味噌…p80

青森県
根曲がり竹の炒め煮…p6
みずの水もの…p28
なすのしそ巻き…p78

岩手県
うこぎのほろほろ…p31

宮城県
はたまの酢味噌和え…p53
なすのずんだ和え…p81

秋田県
山菜のかやき…p8
ばっけ味噌…p22
ぜんまいの一本煮…p34

山形県
わらびたたき…p32
だし…p82

福島県
へそ大根の煮物…p10
しそ巻き…p62

栃木県
山ぶきのきゃらぶき…p23

群馬県
こごみのえごまよごし…p35
山菜の天ぷら…p36

埼玉県
ずいきの甘酢漬け…p111
旬の山菜と野菜の天ぷら…p37

千葉県
菜の花のごま和え…p64

東京都
明日葉の天ぷら…p65
わさびの天ぷら…p66
わさびの三杯酢漬け…p66
そら豆の甘辛煮…p108

神奈川県
ねぎぬた…p54
なすの酢味噌和え…p83

新潟県
ふかしなす…p84

富山県
つぼ煮…p38
どっこきゅうりのあんかけ…p93

石川県
てんばおくもじ…p68
金時草の酢の物…p69
なすそうめん…p85
なすのオランダ煮…p86

福井県
たけのこと身欠きにしんの煮物…p12
水ふきの煮物…p39

山梨県
たけのこと煮干しの煮物…p13

長野県
やたら…p87

岐阜県
沢あざみの煮物…p40
十六ささげの味噌和え…p106

静岡県
ふきの煮つけ…p20

愛知県
千石豆の煮物…p107

滋賀県
しじみとわけぎのぬた…p55

京都府
たけのこの木の芽和え…p14
伏見とうがらしとじゃこの炊いたん…p91
きゅうりとお揚げの炊いたん…p92

大阪府
若ごぼうと揚げの煮物…p74
うすいえんどうの卵とじ…p109

奈良県
よもぎのおひたし…p41
おなすの山椒和え…p88

和歌山県
ごんぱちの炒め煮…p42

鳥取県
山菜塩漬けの煮物…p44

島根県
出西しょうがの甘辛煮…p75

岡山県
滝みずなの炒め物…p43
かんぴょうの芯の煮物…p98

広島県
たことわけぎのぬた…p56
ちしゃもみ…p70
なすとそうめんの煮物…p89

山口県
干しえびときゅうりの酢の物…p94

徳島県
くさぎとじゃがいもの炊き物…p46
ずきがし…p112
はすと太刀魚の酢の物…p113

香川県
わけぎ和え…p57
ちしゃもみ…p71

愛媛県
ぬた…p58
きゅうりと油揚げの酢の物…p95

高知県
淡竹とえんどうの煮物…p15
浜あざみの天ぷら…p47
いたどりの炒め煮…p48
りゅうきゅうの酢の物…p114

福岡県
干したけのこの煮物…p16

佐賀県
たけのこの味噌炊き…p17
のびるのぐるぐる巻き…p60
高菜とくじらの煮しめ…p72
冬瓜の酢の物…p99

長崎県
はなはじき…p96

熊本県
たけのこのひこずり…p18
ひともじのぐるぐる…p59
菜焼き…p73
どろりあげ…p105

大分県
オランダ…p90

宮崎県
たけのこん天ぷら…p19
つわぶきと生節のきんぴら風…p24
くさぎ菜の油炒め…p50

沖縄県
ナーベーラーンブシー…p100
パパヤーイリチー…p102
ゴーヤーチャンプルー…p104

素材別索引

野菜

野菜加工品

野草・山菜・山菜加工品

いも・いも加工品

その他の協力者一覧

本文中に掲載した協力者の方々以外にも、調査・取材・撮影等でお世話になった方々は各地にたくさんおいでです。ここにまとめて掲載し、お礼を申し上げます。(敬称略)

青森県 津軽あかつきの会、弘前地区生活改善グループ連絡協議会、中南地域県民局地域農林水産部農業普及振興室、笹森得子

宮城県 佐藤みさを、齋藤幸子、渡邉弘子、相澤俊子

福島県 石井梨絵

群馬県 海野西五郎

東京都 平原幸子

山梨県 南部町すみれの会

岐阜県 林恭子、坪井輝子、稲川英子、水上登司子、清水規久子

静岡県 高塚喜與子、高塚博代

京都府 矢野早季子

大阪府 吉尾禮子、松本美恵子

和歌山県 東牟婁振興局・西美保、竹田愛子、内野諒子

島根県 島根県食生活改善推進協議会、島根県立大学(平成29年度学術研究特別助成金)

香川県 次田隆志

愛媛県 渡部邦子、渡部弥生、荻山智恵子、渡部節子、渡部恵子、大星アツ子、川端和子、大野洋子、吉岡アキコ、藤田玉枝、濵住千津子

高知県 松﨑淳子、尾﨑栄一、松本拓磨

長崎県 長崎県栄養士会諫早支部

宮崎県 西トミ、塚野米、濵田洋光、甲斐紀子、今東香、坂本美奈子、長野初子

沖縄県 福原節子

「伝え継ぐ 日本の家庭料理」著作委員一覧

(2021年1月1日現在)

北海道 菅原久美子(元札幌国際大学短期大学部)/菊地和美(藤女子大学)/坂本恵(札幌保健医療大学)/木下教子(北翔大学)/土屋律子(元北翔大学)/藤本真奈美(光塩学園女子短期大学)/村上知子(元北海道教育大学)/山口敦子(天使大学)/佐藤恵(光塩学園女子短期大学)/伊木亜子(函館短期大学)/畑井朝子(元函館短期大学)/宮崎早花(酪農学園大学)/田中ゆかり(光塩学園女子短期大学)

青森県 北山育子(東北女子短期大学)/安田智子(東北女子短期大学)/真野由紀子(東北女子短期大学)/熊谷貴子(青森県立保健大学)/今井美和子(東北栄養専門学校)/澤田千晴(東北女子短期大学)/下山春香(元東北女子短期大学)

岩手県 髙橋秀子(修紅短期大学)/長坂慶子(岩手県立大学盛岡短期大学部)/魚住惠(元岩手県立大学盛岡短期大学部)/菅原悦子(元岩手大学)/村元美代(盛岡大学)/渡邉美紀子(修紅短期大学)/冨岡佳奈絵(修紅短期大学)/佐藤佳織(修紅短期大学)/阿部真弓(元修紅短期大学)/松本絵美(岩手県立大学盛岡短期大学部)/岩本佳恵(岩手県立大学盛岡短期大学部)

宮城県 高澤まき子(仙台白百合女子大学)/野田奈津実(尚絅学院大学)/和泉眞喜子(元尚絅学院大学)/宮下ひろみ(東都大学)/濟渡久美(尚絅学院大学)/矢島由佳(仙台白百合女子大学)

秋田県 高山裕子(聖霊女子短期大学)/熊谷昌則(秋田県総合食品研究センター)/長沼誠子(元秋田大学)/山田節子(元聖霊女子短期大学)/三森一司(聖霊女子短期大学)/髙橋徹(秋田県総合食品研究センター)/逸見洋子(元秋田大学)/大野智子(青森県立保健大学)/駒場千佳子(女子栄養大学)

山形県 齋藤寛子(山形県立米沢栄養大学)/宮地洋子(東北生活文化大学短期大学部)/平尾和子(愛国学園短期大学)/佐藤恵美子(元新潟県立大学)

福島県 加藤雅子(郡山女子大学短期大学部)/會田久仁子(郡山女子大学短期大学部)/中村恵子(福島大学)/柳沼和子(郡山女子大学)/津田和加子(桜の聖母短期大学)/福永淑子(文教大学)/阿部優子(元郡山女子大学短期大学部)

茨城県 渡辺敦子(元茨城キリスト教大学)/荒田玲子(常磐大学)/吉田恵子(晃陽看護栄養専門学校)/石島恵美子(茨城大学)/飯村裕子(常磐大学)/野口元子

栃木県 名倉秀子(十文字学園女子大学)/藤田睦(佐野日本大学短期大学)

群馬県 綾部園子(高崎健康福祉大学)/堀口恵子(東京農業大学)/神戸美恵子(桐生大学)/阿部雅子(東都大学)/高橋雅子(明和学園短期大学)/永井由美子(群馬調理師専門学校)/渡邉靜(明和学園短期大学)

埼玉県 島田玲子(埼玉大学)/河村美穂(埼玉大学)/土屋京子(東京家政大学)/加藤和子(東京家政大学)/成田亮子(東京家政大学)/名倉秀子(十文字学園女子大学)/木村靖子(十文字学園女子大学)/松田康子(女子栄養大学)/駒場千佳子(女子栄養大学)/徳山裕美(帝京短期大学)

千葉県 渡邊智子(淑徳大学)/柳沢幸江(和洋女子大学)/今井悦子(聖徳大学)/石井克枝(元千葉大学)/中路和子/梶谷節子/大竹由美

東京都 加藤和子(東京家政大学)/宇和川小百合(東京家政大学)/赤石記子(東京家政大学)/伊藤美穂(十文字学園女子大学)/色川木綿子(東京家政大学)/大久保洋子(元実践女子大学)/香西みどり(お茶の水女子大学)/佐藤幸子(実践女子大学)/白尾美佳(実践女子大学)/成田亮子(東京家政大学)

神奈川県 櫻井美代子(元東京家政学院大学)/大越ひろ(元日本女子大学)/増田真祐美(成立学園高等学校)/大迫早苗(相模女子大学短期大学部)/酒井裕子(相模女子大学)/清絢/小川暁子(神奈川県農業技術センター)/河野一世(奈良食と農の魅力創造国際大学校)/津田淑江(元共立女子短期大学)

新潟県 佐藤恵美子(元新潟県立大学)/太田優子(新潟県立大学)/立山千草(新潟県立大学)/山口智子(新潟大学)/伊藤直子(元新潟医療福祉大学)/玉木有子(大妻女子大学)/伊藤知子(新潟県栄養士会)/小谷スミ子(元新潟大学)/山田チヨ(新潟県栄養士会)/松田トミ子(新潟県栄養士会)/長谷川千賀子(悠久山栄養調理専門学校)/渡邊智子(淑徳大学)

富山県 守田律子(元富山短期大学)/中根一恵(富山短期大学)/深井康子(元富山短期大学)/原田澄子(金沢学院短期大学)/稗苗智恵子(富山短期大学)

石川県 新澤祥惠(北陸学院大学短期大学部)/川村昭子(元金沢学院短期大学)/中村喜代美(北陸学院大学短期大学部(非))

福井県 佐藤真実(仁愛大学)/森恵見(仁愛女子短期大学)/谷洋子(元仁愛大学)/岸松静代(元仁愛女子短期大学)

山梨県 時友裕紀子(山梨大学)/柘植光代(元日本女子大学)/阿部芳子

（元相模女子大学）／松本美鈴（大妻女子大学）／坂口奈央（山梨県立北杜高等学校）

長野県　中澤弥子（長野県立大学）／吉岡由美（元長野県短期大学）／高崎禎子（信州大学）／小木曽加奈（長野県立大学）／小川晶子（長野県立大学）

岐阜県　堀光代（岐阜市立女子短期大学）／西脇泰子（元岐阜聖徳学園大学短期大学部）／長屋郁子（岐阜市立女子短期大学）／坂野信子（東海学園大学（非））／木村孝子（東海学院大学）／辻美智子（名古屋女子大学）／横山真智子（各務原市立鵜沼中学校）／山根沙季（中京学院大学短期大学部）／長野宏子（元岐阜大学）

静岡県　新井映子（静岡県立大学）／高塚千広（東海大学短期大学部）／市川陽子（静岡県立大学）／伊藤聖子（静岡県立大学）／神谷紀代美（浜松調理菓子専門学校）／川上栄子（元常葉大学）／清水洋子（元静岡英和学院大学短期大学部）／竹下温子（静岡大学）／中川裕子（実践女子大学）／村上陽子（静岡大学）

愛知県　西堀すき江（元東海学園大学）／小出あつみ（名古屋女子大学）／近藤みゆき（名古屋文理大学短期大学部）／石井貴子（名古屋文理大学短期大学部）／小濱絵美（名古屋文理大学短期大学部）／加藤治美（元名古屋文理栄養士専門学校）／山内知子（元名古屋女子大学）／松本貴志子（元名古屋女子大学短期大学部）／間宮貴代子（名古屋女子大学）／伊藤正江（至学館大学）／森山三千江（愛知学泉大学）／山本淳子（愛知学泉短期大学）／野田雅子（愛知淑徳大学（非））／廣瀬朋香（元東海学園大学）／亥子紗世（元東海学園大学）／筒井和美（愛知教育大学）／羽根千佳（元東海学園大学）

三重県　磯部由香（三重大学）／飯田津喜美（三重短期大学）／水谷令子（元鈴鹿大学）／成田美代（元三重大学）／平島円（三重大学）／久保さつき（鈴鹿大学）／鷲見裕子（高田短期大学）／乾陽子（鈴鹿大学短期大学部）／駒田聡子（皇學館大学）／阿部稚里（三重短期大学）／奥野元子（元島根県立大学短期大学部）／萩原範子（元名古屋学芸大学短期大学部）／小長谷紀子（安田女子大学）

滋賀県　中平真由巳（滋賀短期大学）／山岡ひとみ（滋賀短期大学）／石井裕子（武庫川女子大学（非））／小西春江（園田学園女子大学短期大学部）／久保加織（滋賀大学）／堀越昌子（元滋賀大学）

京都府　豊原容子（京都華頂大学）／湯川夏子（京都教育大学）／桐村ます美（元成美大学短期大学部）／河野篤子（京都女子大学）／坂本裕子（京都華頂大学）／福田小百合（京都文教短期大学）／米田泰子（元京都ノートルダム女子大学）

大阪府　東根裕子（甲南女子大学）／八木千鶴（千里金蘭大学）／阪上愛子（元堺女子短期大学）／澤田参子（元奈良文化女子短期大学）／原知子（滋賀短期大学）／山本悦子（元大阪夕陽丘学園短期大学）

兵庫県　田中紀子（神戸女子大学）／片寄眞木子（元神戸女子短期大学）／坂本薫（兵庫県立大学）／富永しのぶ（兵庫大学）／本多佐知子（金沢学院短期大学）／中谷梢（関西福祉科学大学）／作田はるみ（神戸松陰女子学院大学）／原知子（滋賀短期大学）

奈良県　喜多野宣子（大阪国際大学）／志垣瞳（元帝塚山大学）／三浦さつき（奈良佐保短期大学）／島村知歩（奈良佐保短期大学）

和歌山県　青山佐喜子（大阪夕陽丘学園短期大学）／三浦加代子（園田学園女子大学）／川原崎淑子（元園田学園女子大学短期大学部）／橘ゆかり（神戸松蔭女子学院大学）／川島明子（園田学園女子大学）／千賀靖子（元樟蔭東短期大学）

鳥取県　松島文子（元鳥取短期大学）／板倉一枝（鳥取短期大学）

島根県　石田千津恵（島根県立大学）／藤江未沙（松江栄養調理製菓専門学校）

岡山県　藤井わか子（美作大学短期大学部）／青木三恵子（高知大学（客））／小川眞紀子（ノートルダム清心女子大学）／槇尾幸子（元中国学園大学）／大野婦美子（元くらしき作陽大学）／藤堂雅恵（研）（美作大学）／人見哲子（美作大学）／新田陽子（岡山県立大学）／我如古菜月（福山大学）／加賀田江里（中国短期大学）／藤井久美子（山陽学園大学）

広島県　岡本洋子（広島修道大学）／村田美穂子（広島文化学園短期大学）／渡部佳美（広島女学院大学）／石井香代子（福山大学）／奥田弘枝（元広島女学院大学）／海切弘子（広島文化学園短期大学）／上村芳枝（元比治山大学）／木村留美（広島国際大学）／近藤寛子（福山大学）／渕上倫子（元福山大学）／前田ひろみ（広島文化学園短期大学）／木村安美（九州大学）／高橋知佐子（元福山大学）／塩田良子（広島文教大学）／政田圭子（元鈴峯女子短期大学）／小長谷紀子（安田女子大学）／山口享子（中国学園大学（嘱））／北林佳織（比治山大学）

山口県　五島淑子（山口大学）／園田純子（山口県立大学）／池田博子（元西南女学院大学短期大学部）／櫻井菜穂子（元宇部フロンティア大学短期大学部）／廣田幸子（山陽学園短期大学）／福田翼（水産大学校）／山本由美（元池坊短期大学）／森永八江（山口大学）

徳島県　髙橋啓子（四国大学）／金丸芳（徳島大学）／松下純子（徳島文理大学短期大学部）／長尾久美子（徳島文理大学短期大学部）／近藤美樹（徳島文理大学）／後藤月江（四国大学短期大学部）／三木章江（四国大学短期大学部）／川端紗也花（四国大学）／坂井真奈美（徳島文理大学短期大学部）

香川県　次田一代（香川短期大学）／加藤みゆき（元香川大学）／川染節江（元明善短期大学）／村川みなみ（香川短期大学）／渡辺ひろ美（香川短期大学）

愛媛県　亀岡恵子（松山東雲短期大学）／宇高順子（愛媛大学）／香川実恵子（松山東雲女子大学（非））／武田珠美（熊本大学）／皆川勝子（松山東雲短期大学）

高知県　小西文子（東海学院大学）／五藤泰子（元東海学院大学）／野口元子／福留奈美（東京聖栄大学）

福岡県　三成由美（中村学園大学）／松隈美紀（中村学園大学）／宮原葉子（中村学園大学）／入来寛（中村学園大学）／御手洗早也伽（中村学園大学）／熊谷奈々（中村学園大学）／大仁田あずさ（元中村学園大学）／八尋美希（近畿大学九州短期大学）／秋永優子（福岡教育大学）／川島年生（元中村学園大学）／新冨瑞生（九州女子大学）／末田和代（元精華女子短期大学）／楠瀬千春（九州栄養福祉大学）／仁後亮介（中村学園大学短期大学部）／吉岡慶子（元中村学園大学）／猪田和代（太刀洗病院）／山本亜衣（九州女子大学）

佐賀県　西岡征子（西九州大学短期大学部）／副島順子（元西九州大学）／武富和美（西九州大学短期大学部）／萱島知子（佐賀大学）／成清ヨシヱ（元西九州大学短期大学部）／橋本由美子（西九州大学短期大学部（非））

長崎県　冨永美穂子（広島大学）／久木野睦子（活水女子大学）／石見百江（長崎県立大学）

熊本県　秋吉澄子（尚絅大学短期大学部）／北野直子（元熊本県立大学）／戸次元子（老健施設もやい館）／川上育代（尚絅大学）／原田香（尚絅大学短期大学部）／中嶋名菜（熊本県立大学）／小林康子（尚絅大学短期大学部）／柴田文（尚絅大学短期大学部）

大分県　西澤千惠子（元別府大学）／篠原壽子（元東九州短期大学）／立松洋子（元別府大学短期大学部）／望月美左子（別府溝部学園短期大学）／高松伸枝（別府大学）／宇都宮由佳（学習院女子大学）／山嵜かおり（東九州短期大学）／麻生愛子（東九州短期大学）

宮崎県　篠原久枝（宮崎大学）／長野宏子（元岐阜大学）／磯部由香（三重大学）／秋永優子（福岡教育大学）

鹿児島県　木之下道子（鹿児島純心女子大学）／木下朋美（鹿児島県立短期大学）／進藤智子（鹿児島純心女子短期大学）／山﨑歌織（鹿児島女子短期大学）／木戸めぐみ（鹿児島女子短期大学）／大倉洋代（鹿児島女子短期大学（非））／大富あき子（東京家政学院大学）／大山典子（鹿児島純心女子短期大学）／新里葉子（鹿児島純心女子大学）／福元耐子（鹿児島純心女子大学）／山下三香子（鹿児島県立短期大学）／大富潤（鹿児島大学）／竹下温子（静岡大学）／千葉しのぶ（千葉しのぶ鹿児島食文化スタジオ）／久留ひろみ（奄美食育食文化プロジェクト）／森中房枝（元鹿児島純心女子大学）

沖縄県　田原美和（琉球大学）／森山克子（元琉球大学）／我那覇ゆりか（沖縄大学）／大城まみ（琉球大学）／名嘉裕子（デザイン工房美南海）

根曲がり竹の皮をむく（秋田県）　写真／高木あつ子

左上から右へ。行者にんにくの葉を摘む（群馬県片品村）、山でいたどりをとる（高知県大豊町）、とれたてのたけのこをゆでる（京都府京田辺市）、だしの材料を刻む（山形県米沢市）、どっこきゅうりのあんかけ（富山県）、とれたての夏野菜（長野県信濃町）、くさぎ菜が煮えるのを待つ（宮崎県国富町）　写真／高木あつ子、長野陽一

全集

伝え継ぐ 日本の家庭料理

野菜のおかず

春から夏

2021年12月10日　第1刷発行

企画・編集
一般社団法人 日本調理科学会

発行所
一般社団法人 農山漁村文化協会
〒107-8668 東京都港区赤坂 7-6-1
☎ 03-3585-1142（営業）
☎ 03-3585-1145（編集）
FAX 03-3585-3668
振替 00120-3-144478
http://www.ruralnet.or.jp/

アートディレクション・デザイン
山本みどり

制作
株式会社 農文協プロダクション

印刷・製本
凸版印刷株式会社

＜検印廃止＞
ISBN978-4-540-19189-3

Printed in Japan
定価はカバーに表示

乱丁・落丁本はお取替えいたします

本扉裏写真／長野陽一（p48 高知県・山菜とり）
扉写真／高木あつ子（p5、27）、五十嵐公（p52）、
長野陽一（p77、110）

本書は「別冊うかたま」2021年3月号を書籍化したものです。

「伝え継ぐ 日本の家庭料理」出版にあたって

一般社団法人 日本調理科学会では、2000年度以来、「調理文化の地域性と調理科学」をテーマにした特別研究に取り組んできました。2012年度からは「次世代に伝え継ぐ 日本の家庭料理」の全国的な調査研究をしています。この研究では地域に残されている特徴ある家庭料理を、聞き書き調査により地域の暮らしの背景とともに記録しています。

こうした研究の蓄積を活かし、「伝え継ぐ 日本の家庭料理」の刊行を企図しました。全国に著作委員会を設置し、都道府県ごとに40品の次世代に伝え継ぎたい家庭料理を選びました。その基準は次の2点です。

①およそ昭和35年から45年までに地域に定着していた家庭料理
②地域の人々が次の世代以降もつくってほしい、食べてほしいと願っている料理

そうして全国から約1900品の料理が集まりました。それを、「すし」「野菜のおかず」「行事食」といった16のテーマに分類して刊行するのが本シリーズです。日本の食文化の多様性を一覧でき、かつ、実際につくることができるレシピにして記録していきます。ただし、紙幅の関係で掲載しきれない料理もあるため、別途データベースの形ですべての料理の情報をさまざまな角度から検索し、家庭や職場、研究等の場面で利用できるようにする予定です。

日本全国47都道府県、それぞれの地域に伝わる家庭料理の味を、つくり方とともに聞き書きした内容も記録することは、地域の味を共有し、次世代に伝え継いでいくことにつながる大切な作業と思っています。読者の皆さんが各地域ごとの歴史や生活習慣にも思いをはせ、それらと密接に関わっている食文化の形成に対する共通認識のようなものが生まれることも期待してやみません。

日本調理科学会は2017年に創立50周年を迎えました。本シリーズを創立50周年記念事業の一つとして刊行することが日本の食文化の伝承の一助になれば、調査に関わった著作委員はもちろんのこと、学会として望外の喜びとするところです。

2017年9月1日

一般社団法人 日本調理科学会　会長　香西みどり

＊なお、本シリーズは聞き書き調査に加え、地域限定の出版物や非売品の冊子を含む多くの文献調査を踏まえて執筆しています。これらのすべてを毎回列挙することは難しいですが、今後別途、参考資料の情報をまとめ、さらなる調査研究の一助とする予定です。

＜日本調理科学会 創立50周年記念出版委員会＞

委員長　香西みどり（お茶の水女子大学名誉教授）
委　員　石井克枝（千葉大学名誉教授）
同　今井悦子（元聖徳大学教授）
同　真部真里子（同志社女子大学教授）
同　大越ひろ（日本女子大学名誉教授）
同　長野宏子（岐阜大学名誉教授）
同　東根裕子（甲南女子大学准教授）
同　福留奈美（東京聖栄大学准教授）